C.H.BECK ◨ **WISSEN**
in der Beck'schen Reihe

Die Geschichte Arabiens ist mit der Geschichte des Islam untrennbar verbunden. Aus Arabien stammt der Prophet Mohammed, in den arabischen Städten Mekka und Medina liegen die wichtigsten religiösen Zentren der Muslime. Allerdings konnten die Araber beim Auftreten des Propheten schon auf anderthalb Jahrtausende ihrer Geschichte zurückblicken. Seit dem 9. Jahrhundert v. Chr. bestimmten sie die Geschicke des Vorderen Orients mit, um im 7. Jahrhundert n.Chr. zur Großmacht aufzusteigen und durch die Expansion des Kalifenreiches die Grenzen der arabischen Welt weit über den Vorderen Orient hinaus nach Nordafrika und Spanien, ja bis nach Frankreich hinein zu erweitern. Die Geschichte der Araber ist seitdem mit der der Europäer eng verknüpft. Die europäische Wissenschaft und Kunst des Mittelalters wäre ohne die glänzende Kultur der arabischen Reiche nicht denkbar. Erst in der Neuzeit wurde das Verhältnis von einer zunehmenden Hegemonie Europas geprägt, die bis heute die Beziehungen zwischen westlicher und arabischer Welt belastet. Heinz Halm bietet in diesem Band einen kompakten und allgemein verständlichen Überblick über die Geschichte und Kultur der Araber von der Zeit ihrer ersten Erwähnung in den Inschriften der Assyrerkönige bis zu den jüngsten Entwicklungen der arabischen Staaten in unserer Gegenwart.

Heinz Halm ist Professor für islamische Geschichte an der Universität Tübingen. Bei C. H. Beck erschienen von ihm bereits «Der Islam» (5. Aufl. 2004), «Die Kalifen von Kairo» (2003), «Der schiitische Islam» (1994) sowie «Das Reich des Mahdi» (1991). Außerdem ist er Herausgeber der von Ulrich Haarmann begründeten, bei C. H. Beck erschienenen «Geschichte der arabischen Welt» (4. Aufl. 2001).

Heinz Halm

DIE ARABER

Von der vorislamischen Zeit
bis zur Gegenwart

Verlag C. H. Beck

Mit 2 Karten
1. Aus: Geschichte der arabischen Welt,
begründet von Ulrich Haarmann,
herausgegeben von Heinz Halm. 4. Auflage 2001
2. cartomedia, Karlsruhe

Originalausgabe
© Verlag C.H.Beck oHG, München 2004
Gesamtherstellung: Druckerei C.H.Beck, Nördlingen
Umschlagmotiv: Arabische Buchillustration
in Eckigem Kufi-Duktus mit der Basmala:
«Im Namen Gottes, des barmherzigen Erbarmers»
Umschlagentwurf: Uwe Göbel, München
Printed in Germany
ISBN 3 406 50843 X

www.beck.de

Inhalt

I. Das vorislamische Arabien — 7
Name und Herkunft — 7
Altsüdarabien — 9
Arabien in hellenistischer Zeit — 10
Araber und Römer — 12
Arabien zwischen Byzantinern und Persern — 15
Die altarabische Sprache, Dichtung und Schrift — 18

II. Arabien und der Islam — 21
Arabien am Vorabend des Islam — 21
Der Prophet Mohammed — 24
Die arabisch-islamischen Eroberungen — 26
Das Kalifat der Umayyaden (661–750) — 30
Das abbasidische Kalifat von Bagdad — 35
Al-ʿArabiyya. Die arabische Hochsprache
und ihre Literatur — 38
Die Rezeption des antiken Erbes — 42
Die arabischen Zahlen und die Null — 47
Arabisierung und Islamisierung — 48
Die Mamluken — 56

III. Die arabische Welt vom 10. bis 15. Jahrhundert — 58
Der Irak — 59
Syrien/Palästina — 62
Ägypten — 65
Der Maghrib und al-Andalus — 69

IV. Die arabische Welt von 1500 bis 1800 — 75
Der Fruchtbare Halbmond unter osmanischer
Herrschaft — 76
Die Arabische Halbinsel — 78

Ägypten 80
Der Maghrib 82

V. Das 19. Jahrhundert 86
Der Maschriq 86
Der Maghrib 94
Strategien gegen die europäische Durchdringung:
Europäisierung, islamische Erneuerung,
Nationalismus 96

VI. Staatenbildung und Unabhängigkeit im 20. Jahrhundert 103
Der Erste Weltkrieg und die Mandatszeit 103
Die Salafiyya und die Muslimbrüder 106
Die Palästinafrage 108
Der Zweite Weltkrieg und die Gründung
der Arabischen Liga 109
Die Gründung Israels und der erste Nahostkrieg 110
Ba'th-Partei und Nasserismus 111
Der Sechstagekrieg (Juni 1967) 114
Die Ära Sadat (1970–1981): Oktoberkrieg, Infitâh
und Ölkrise 115
Der libanesische Bürgerkrieg (1975–1990)
und der irakisch-iranische Krieg (1980–1988) 116
Die neunziger Jahre: Erste Intifâda und Kuwaitkrieg 119

VII. Zu Beginn des 21. Jahrhunderts 121
Die Zweite Intifâda 121
Der Irakkrieg 2003 122

Literaturhinweise 125
Hinweise zur Aussprache 126
Personenregister 127

I. Das vorislamische Arabien

Name und Herkunft

Al-'Arab nennen sich die Araber selber, mit einem Namen, der ein Kollektiv – also die Gesamtheit der Araber – bezeichnet; *al-'Arabî* ist der einzelne Angehörige dieses Volkes. Dessen Einheit wird – zunächst einmal – begründet durch den Gebrauch der arabischen Sprache: Araber ist, wer Arabisch spricht. Heute sind das etwa 280 Millionen Menschen in Nordafrika und Vorderasien zwischen dem Atlantik und dem Westrand des iranischen Hochlandes, also zwischen Marokko und Mauretanien im Westen und dem Irak im Osten, zwischen Syrien im Norden und Oman, dem Jemen und dem Sudan im Süden. Diese Verbreitung der Araber und des Arabischen ist historisch jungen Datums; sie hängt zusammen mit der Ausbreitung des Islam seit dem 7. Jahrhundert.

Erstmals begegnet der Name der Araber in einer Siegesinschrift des Assyrerkönigs Salmanassar III. aus dem Jahr 853 v. Chr., die berichtet, dass die Koalition von syrischen Kleinkönigen, die den Assyrern bei Qarqar in Syrien eine Schlacht lieferte – darunter der König von Israel –, durch ein Kontingent von tausend Kamelreitern des Königs Gindibu, des Königs der Araber *(Aribi)*, unterstützt wurde. Während des 8. und 7. Jahrhunderts v. Chr. erwähnen die Inschriften der Assyrerkönige wiederholt Könige und Königinnen der Araber, meist als tributpflichtige Vasallen und Hilfstruppen der Assyrer.

Die in den assyrischen Inschriften erwähnten *Aribi* scheinen nomadische Verbände gewesen zu sein, die in der Syrischen Wüste, also am inneren Rand des Fruchtbaren Halbmondes (Palästina/Jordanien, Syrien, Irak), lebten. Wie die Inschrift Salmanassars III. zeigt, ist ihr Name von Anfang an mit der Verwendung des Dromedars verknüpft: Als Last- und Reittier sowie als Lieferant von Fleisch und Wolle ermöglichte es ein Leben in der Wüstensteppe *(bâdiya)*, von der der arabische Kamelnomade, der Beduine *(al-badawî)*, seinen Namen hat; assyrische Reliefs aus der Zeit des Königs Sanherib (705–681) zeigen mehrfach arabische Kamelreiter im Kampf. Für die Assyrer, deren imperiale Ansprüche sich auf ganz Syrien erstreckten, war die Kontrolle der Araber der Syrischen Wüste von strategischer Bedeutung.

Nach dem Fall von Ninive 612 v. Chr. änderte sich das Verhältnis des Neubabylonischen Reiches zu den Arabern nicht wesentlich; der letzte König von Babylon, Nabonid (556–539), hat sogar zehn Jahre lang in der nordwestarabischen Oase Taimâ, wo er sich einen Palast erbaute, gelebt und Babylon dem Kronprinzen, seinem Sohn Belsazar, überlassen. Sein Machtbereich erstreckte sich bis nach Yatribu, dem späteren Medina. Die Perserkönige (seit 549 v. Chr.) scheinen die Araber nicht direkt beherrscht, aber als Verbündete gesucht zu haben; Herodot berichtet (III, 88), dass der Perserkönig Kambyses, als er 525 Ägypten eroberte, sich zuvor der Zustimmung der Araber versichert habe; dem Xerxes stellten sie bei seinem Feldzug gegen Griechenland (480) Bogenschützen auf Kamelen (VII, 69; 86).

Fast alle diese Nachrichten zeigen uns die *Aribi* als Bewohner der inneren Peripherie des Fruchtbaren Halbmonds, in der syrisch-mesopotamischen Wüste und in Nordarabien, wo sie als kamelzüchtende Nomaden, aber auch als Bauern in den Oasen Nordwestarabiens, erstmals auftreten; hier taucht der Name der Araber (unbekannter Bedeutung) zuerst auf, und hier hat das sie bis heute einigende Band, die (nord-)arabische Sprache, ihre Wurzeln.

Das Arabische gehört zur semitischen Sprachfamilie, benannt nach Sem, dem Sohn Noahs, von dem die Völkertafel des Alten Testaments (*Genesis* 10) sowohl das Volk Israel als auch die Araber abstammen lässt. Das Arabische ist also mit den Sprachen, die in altorientalischer Zeit im Fruchtbaren Halbmond gesprochen wurden (Akkadisch = Babylonisch/Assyrisch, Phönizisch, Kanaanäisch, Hebräisch, Aramäisch), sowie mit dem Altsüdarabischen und den Sprachen Abessiniens (Äthiopisch, Tigre, Tigrinya, Amharisch) eng verwandt. Die ältesten

Zeugnisse des (Nord-)Arabischen sind kurze Inschriften in den Oasen, die sich wie Perlen an einer Schnur vom Süden des heutigen Jordanien hinunter nach dem Hidschâz und weiter nach 'Asîr ziehen. Diese Graffiti sind seit der Zeit der Assyrerherrschaft belegt; sie sind zunächst in Alphabeten geschrieben, die den altsüdarabischen nahe stehen und sich – wie das griechische und das lateinische – aus einem phönizischen Urtyp entwickelt haben. Die heutige arabische Schrift hat also – auch wenn der Augenschein das kaum vermuten lässt – dieselbe Wurzel wie unsere Lateinschrift. Das Prinzip des Alphabets hat sich dank seiner Beschränkung auf weniger als 30 Zeichen zur Bezeichnung von Lauten gegenüber den viel komplizierteren Schriftsystemen des Alten Orients – der Keilschrift und den Hieroglyphen – im ganzen Vorderen Orient durchgesetzt.

Altsüdarabien

Der heutige Jemen ist nicht in das Kraftfeld des Assyrerreiches geraten, auch wenn die Könige von Saba in assyrischen Inschriften gelegentlich erwähnt werden. Der Südwesten der Arabischen Halbinsel ist mit seinen bis über 3000 Meter hohen Gebirgen und den reichlichen Monsunregen eine Welt für sich. Landwirtschaft auf terrassierten Feldern und Städte mit steinernen Mauerringen kennzeichnen eine uralte Kulturlandschaft, die sich von denen der übrigen Halbinsel markant unterscheidet. Seit eh und je diente diese Landschaft als Vermittlerin des Handels zwischen dem Indischen Ozean und der Mittelmeerwelt; insbesondere Weihrauch, ein Baumharz, das in der Landschaft Dhofâr im heutigen Oman gewonnen wird, wurde über die Königreiche Südarabiens nach Norden vermittelt, wo er in den Tempeln des Vorderen Orients und Griechenlands – und später in den Kirchen derselben Region – in großen Mengen verbraucht wurde. Von Dhofâr aus führte die Weihrauchstraße durch mehrere Herrschaftsgebiete, die zwar selbst keinen Weihrauch produzierten, aber den Handel kontrollierten und davon profitierten: Hadramaut, westlich davon Qatabân mit der Hauptstadt Timna', Saba mit der Hauptstadt Mârib und Ma'în mit seinen Städten im Dschauf (nordöstlich von San'â). Das Alte Testament berichtet von der – wohl legendären – Königin von Saba, die König Salomon in Jerusalem besucht haben soll; Saba *(Scheba)* und Hadramaut *(Hasarmaweth)* erscheinen auch in der Völkertafel des Alten Testaments (*Genesis* 10).

Die Macht von Ma'în, dessen Könige von ca. 550 bis 125 v. Chr. bezeugt sind, reichte zeitweilig bis Nordwestarabien; in Dedan (heute al-'Ulâ) errichteten sie im 4. Jahrhundert v. Chr. eine Handelskolonie, und ihre Kaufleute gelangten bis Ägypten und Syrien. Zeitweilig geriet Ma'în unter die Herrschaft des benachbarten Saba, dessen König Karib'il Watar (ca. 510–490 v. Chr.) seine Eroberungen in Siegesinschriften verewigen ließ. Die altsüdarabische Sprache – wie das heutige Arabisch zum Kreis der semitischen Sprachen gehörig – wurde in einem eigenen Alphabet geschrieben; einige tausend Inschriften erlauben uns heute Einblicke in die Kultur von Saba. Die Hauptstadt Mârib weist heute noch zahlreiche Großbauten wie z. B. Tempel auf. Das bedeutendste Bauwerk von Mârib war indes der etwa 600 Meter lange Staudamm, durch den das Wasser des Wâdî Adhana zwischen zwei Bergrücken gestaut und durch komplizierte Schleusen und Kanäle zur Bewässerung der ganzen Hauptstadtregion genutzt wurde.

Arabien in hellenistischer Zeit

Der Zug Alexanders des Großen hatte Arabien nicht berührt. Allerdings war sein Admiral Nearchos auf der Rückfahrt von Indien bei Kap Musandam an die Nordspitze des heutigen Oman gelangt, ehe er die Flotte durch den Golf nach Mesopotamien zurückführte. Alexanders Pläne zur Erforschung des Ozeans wurden allerdings durch seinen frühen Tod (323 v. Chr.) verhindert. Von den Reichen der Nachfolger (Diadochen) Alexanders, der Seleukiden in Syrien/Mesopotamien und der Ptolemäer in Ägypten, hatten vor allem die letzteren enge Kontakte zu Arabien, da sie die Seefahrt auf dem Roten Meer kontrollierten. Die Araber der südarabischen Königreiche Hadramaut, Qatabân, Saba und Ma'în waren den Griechen wohl bekannt: die Völker

Arabien in hellenistischer Zeit

der Chatramotitai, Kattabaneis, Sabaioi und Minaioi – letztere sind die Minäer von Maʿîn – werden bei den griechischen Geographen mit ihren Hauptstädten erwähnt.

In der hellenistischen Zeit entstand auch der größte Teil der Inschriften, in denen wir die Vorläufer des heutigen (Nord-) Arabisch vor uns haben. Es handelt sich um einige tausend meist kurzer, ungelenk in den Fels geritzter Graffiti, in denen häufig Wanderer ihre Anwesenheit verewigt oder die Hilfe bestimmter Götter angerufen haben. Zwar bedienen sie sich vom Altsüdarabischen (Sabäischen) abgeleiteter Alphabete, doch ist die Sprache eindeutig Nordarabisch und wird daher als Ur- oder Protoarabisch bezeichnet. Die beiden wichtigsten dieser Schriftformen werden von der Wissenschaft als Lihyanisch und Thamudisch bezeichnet. Beide Schriften sind von spätestens dem 5. vorchristlichen Jahrhundert bis in die nachchristliche Zeit bezeugt. Die thamudischen Graffiti finden sich über den ganzen Hidschâz und ʿAsîr, den Sinai, Südpalästina und das Transjordanland verstreut.

Araber waren auch die Nabatäer, deren Hauptstadt Petra in einem Felskessel östlich des Toten Meeres lag. Sie treten erstmals unmittelbar nach dem Tod Alexanders des Großen ins Licht der Geschichte. 312 v. Chr. versuchte Antigonos, einer der Generäle Alexanders, sich Petras zu bemächtigen. Die Nabatäer kontrollierten die östlich von ihrer Stadt vorbeilaufende Weihrauchstraße; Antigonos hatte in Petra Weihrauch und Gewürze erbeutet, und der römische Historiker Diodor berichtet ausdrücklich, dass die Nabatäer Weihrauch und Myrrhe ans Mittelmeer brachten. Aber sie trieben auch Seeräuberei auf dem Roten Meer, was zu Konflikten mit den Ptolemäern Ägyptens führte. Nach und nach brachten sie das ganze Ostjordanland und Südpalästina mit Gaza unter ihre Kontrolle; der Nabatäerkönig Aretas III. (arabisch *al-Hâritha;* 87–62 v. Chr.) konnte im Jahr 85 v. Chr. sogar Damaskus einnehmen. Obwohl die Nabatäer Arabisch sprachen, wie auch die Namen ihrer Könige bezeugen, verwendeten sie für ihre Korrespondenz und ihre Inschriften eine aus dem aramäischen Alphabet entwickelte Schrift. Auch ihre materielle Kultur stand unter dem Einfluss aus dem Norden, wie die hellenistischen Fassaden der Felsengräber von Petra noch heute eindrucksvoll zeigen; der König Aretas III. trug den Beinamen *Philhellenos,* der Griechenfreund.

Wie gut man Arabien in hellenistischer Zeit kannte, bezeugt der griechische Geograph Ptolemaios aus Alexandria (2. Jahrhundert n. Chr.); nach seiner Erdbeschreibung lässt sich die ganze Arabische Halbinsel – auch das Innere – kartieren.

Araber und Römer

Im Jahr 64 v. Chr. erschien der römische Prokonsul Pompejus in Syrien, um die politischen Verhältnisse in der Levante nach römischen Vorstellungen zu ordnen. Schon im Jahr zuvor hatten römische Truppen den Nabatäerkönig Aretas III. aus Damaskus vertrieben und die Stadt besetzt; nun verwandelte Pompejus Syrien in eine römische Provinz. Im Jahr 63 rückte Pompejus selbst von Antiocheia über Damaskus nach Jericho und Jerusalem vor, doch ließ er den kleinen jüdischen Staat der Hasmonäer und das Reich der Nabatäer als römische Klientelstaaten bestehen; er begnügte sich damit, den Nahen Osten der *Pax Romana* unterworfen zu haben. In den folgenden römischen Bürgerkriegen war der Vordere Orient häufig Schauplatz der Kämpfe; als Octavian (Augustus) 30 v. Chr. das ptolemäische Ägypten annektierte, dehnte sich der römische Einfluss auch auf das Rote Meer aus.

Die Römer unterschieden – nach griechischem Vorbild – das «wüste Arabien», *Arabia deserta,* von dem «glücklichen», *Arabia felix,* dem Jemen. Dieser Beiname verdankt seine Existenz dem Missverständnis eines arabischen Begriffs: Für die Araber, die sich nach Osten «orientierten», war der Süden «rechts» *(al-Yaman)* und der Norden «links» *(al-Schâm)*; diese beiden Wörter bezeichnen noch im heutigen Arabisch den Jemen bzw. Syrien. Der Jemen ist also eigentlich das Land «zur rechten Hand»; «rechts» bedeutet aber gleichzeitig «glückverheißend», und so wurde das «Land zur Rechten» das «glückliche Arabien» (griechisch *Arabia eudaimon*). Aber der Name ließ sich auch anders verstehen, kamen doch von dort die Luxusgüter, die Rom so heiß begehrte; nach dem Zeugnis der

Araber und Römer

Geographen Strabon und Plinius bezogen die Römer von dort Weihrauch und Myrrhe, Cassia und Narde, Seide, Edelsteine und Perlen – also lauter Produkte, die gar nicht im Jemen selbst erzeugt wurden, sondern aus Südostarabien oder über den Indischen Ozean und den Arabisch-Persischen Golf aus Indien und China kamen. Es war wohl vor allem das Bestreben, die Kontrolle über den Handel mit diesen Waren zu gewinnen, das Augustus veranlasst hat, in den Jahren 25–24 v. Chr. eine militärische Expedition ins «glückliche Arabien» zu entsenden. Das Kommando über die römischen Soldaten – angeblich zehntausend Mann – führte ein römischer Beamter, Aelius Gallus; Syllaios, der Minister des Königs der Nabatäer, übernahm die Führung; die Nabatäer und der jüdische König Herodes stellten Hilfstruppen. Vom Golf von Suez aus wurden die Truppen auf 130 Lastschiffen bis Leuke Kome (Yanbu') gebracht und nahmen von dort den strapaziösen Landweg durch 'Asîr. Nadschrân und die Städte von Ma'în wurden erobert, doch die Belagerung von Mârib musste nach sechs Tagen wegen Wassermangels aufgegeben werden. Unter Verlusten musste sich das römische Heer zurückziehen. Der mit Aelius Gallus befreundete Geograph Strabon hat die Stationen des Marsches überliefert.

Militärisch und politisch war das Unternehmen völlig fehlgeschlagen, obwohl es im Jemen damals keine bedeutende Macht gab und das Land von Stadtfürsten beherrscht wurde. Eine neue Macht war allerdings damals im Süden des Jemen im Aufstieg begriffen: der Stamm der Himyar, dessen Hauptstadt Zhafâr mit der Zitadelle Dhû Raidân (120 Kilometer südlich von San'â) nun zur Metropole von *Arabia felix* wurde. Unmittelbar nach dem Zug des Aelius Gallus vereinigten sich das alte Saba und das neue Himyar zum Reich der «Könige von Saba und Dhû Raidân»; auch die kleineren Reiche von Ma'în, Qatabân und Hadramaut gingen nacheinander in dem neuen Reich auf. Die *Homeritae*, wie die Himyariten von den Römern genannt wurden, beherrschten Südarabien während der gesamten römischen Kaiserzeit, wobei die Handelsbeziehungen offenbar gut und eng blieben, ohne dass die Römer nochmals versucht hätten, *Arabia felix* direkt in ihre Hand zu bringen.

Anders sah es im Norden Arabiens aus, wo Araber nicht nur Nachbarn der römischen Provinz Syria waren, sondern auch in wachsendem Maße innerhalb der Grenzen des römischen Imperiums selbst anzutreffen waren. Nomaden schoben sich zwischen die Dörfer am Rand der Syrischen Wüste, ließen sich gelegentlich auf Dauer nieder, siedelten sich bei den Städten an. Die Araber sickerten so auf ähnliche Weise in die sesshaft besiedelten Gebiete des Fruchtbaren Halbmondes ein, wie das die semitischsprechenden Stämme und Völker – die Akkader, Aramäer, Kanaanäer und Israeliten – seit Jahrtausenden getan hatten. Schon unter den Seleukiden waren im 2. Jahrhundert v. Chr. die wohl südarabischen Ituräer *(Itouraioi)* in Galiläa eingedrungen und hatten die Beqâ'-Ebene zwischen Libanon und Antilibanon in Besitz genommen, und vom 1. Jahrhundert vor bis zum 4. nach Chr. bezeugen die safa'itischen Inschriften, arabische Graffiti im südöstlich von Damaskus gelegenen Safâ-Gebirge, die Anwesenheit von Arabern. 70 n. Chr. wurde nach der Zerstörung Jerusalems durch Titus Judäa zur römischen Provinz, und im Jahre 106 annektierte Kaiser Trajan auch das Nabatäerreich und machte es zur römischen Provinz *Arabia*; damit war das ganze westliche Horn des Fruchtbaren Halbmonds dem römischen Imperium einverleibt. Im Herbst 129 besuchte Kaiser Hadrian Palmyra, Damaskus, Beirut und Petra, um dann in Gerasa (Dscherasch im nördlichen Jordanien) den Winter zu verbringen. Kaiser Philippus Arabs (244–249) stammte aus einem Ort im Dschebel ed-Durûz, den er in *Philippopolis* umbenannte (heute Schahba, 80 Kilometer südöstlich von Damaskus) und mit einem Theater und anderen Prachtbauten ausstattete.

Weiter nordöstlich wurde die Oasenstadt Palmyra (arabisch *Tadmur*), die ihren Aufstieg als Handelszentrum dem Niedergang von Petra verdankte, allmählich arabisiert. Die Herrscher, die dort im 3. Jahrhundert ein orientalisches Großreich zwischen dem römischen Imperium und dem Partherreich zu errichten versuchten, tragen arabische Namen: Odaenathus *('Udainat)*, seine Gemahlin Zenobia *(Zainab)* und beider Sohn, «Augustus» Vaballathus (*Wahb Allât* = «Geschenk der Göttin

Allât»). Im Jahre 272 machte Kaiser Aurelian den Großmachtträumen der Palmyrener ein Ende und führte Zenobia und ihren Sohn gefangen nach Rom.

Wie Palmyra verdankte auch Hatra im nördlichen Mesopotamien seine Blüte im 2. und 3. Jahrhundert der Lage im Grenzbereich zwischen dem römischen und dem Partherreich und seiner Funktion als Handelsemporium. Die Stadt, in der das arabische Bevölkerungselement vorherrschte, lag nicht weit vom Tigris (90 Kilometer südwestlich von Mossul), gehörte aber nie zum Partherreich und trotzte auch erfolgreich den römischen Legionen, sowohl denen Kaiser Trajans (117) als auch denen des Septimius Severus (197); erst 240 wurde sie von den Persern eingenommen.

Arabien zwischen Byzantinern und Persern

Zwei Ereignisse, die sich außerhalb Arabiens abgespielt haben, markieren auch für die Araber epochale Einschnitte. 226 n. Chr. wurde die Herrschaft der Parther über Iran und Mesopotamien durch den Perserkönig Ardaschir abgelöst; der neue Herrscher nahm den alten Titel *König der Könige* an und begründete das neupersische Reich der Sassaniden; die parthische Königsstadt Ktesiphon am Tigris (40 Kilometer südöstlich des heutigen Bagdad) wurde Residenz der neuen Großkönige. 330 gründete der römische Kaiser Constantin an der Stelle der alten Griechenstadt Byzantion seine Hauptstadt Constantinopolis als neue Metropole des oströmischen Reiches. Die Syrische Wüste und die Arabische Halbinsel gerieten damit ins Spannungsfeld der beiden benachbarten spätantiken Großmächte, deren imperiale Machtansprüche hier im Norden wie im Süden aufeinander stießen.

Westlich des unteren Euphrat bildete sich um 300 n. Chr. die Herrschaft des arabischen Stammes der Lachm, die dem Perserreich als Pufferstaat gegen Ostrom diente. Residenz der Lachmiden-Könige war al-Hîra (von aramäisch *Herta,* «Lager»; vgl. Hatra) südlich des späteren Kufa und heutigen Nadschaf. Gut zwanzig Königsnamen der Lachmiden sind uns bis zum

Anfang des 7. Jahrhunderts überliefert. Von Imru al-Qais (gest. 328) hat man im syrischen Haurân die Grabstele aufgefunden, auf der er sich als «König aller Araber» bezeichnet; an-Nu'mân I. (ca. 400–418) war der Erbauer prächtiger Schlösser, darunter der sagenhafte Palast al-Chawarnaq nahe al-Hîra, der in den Legenden und Gedichten späterer Zeiten fortlebte; al-Mundhir III. (ca. 505–554), der Zeitgenosse Justinians, unternahm als Vasall der Sassaniden Raubzüge gegen das byzantinische Syrien, die ihn bis in die Nähe von Antiocheia führten. Sein Sohn 'Amr (554–569) ist berühmt als Patron der Dichter; nicht weniger als drei der sieben bedeutendsten vorislamischen arabischen Dichter sollen an seinem Hof gelebt haben. Seine Mutter war eine Christin und gründete in al-Hîra ein Kloster; schon seit dem Anfang des 5. Jahrhunderts gab es einen Bischof in der Stadt, aber wohl nur der letzte König der Lachm, an-Nu'mân III. (ca. 580–602), war wohl selbst ein nestorianischer Christ.

Sehr viel jünger ist der arabische Pufferstaat auf der anderen, byzantinischen Seite, wo der Clan der Banû Ghassân die syrischen Provinzen gegen die Wüste abschirmte. Mittelpunkt der Herrschaft der Ghassaniden war al-Dschâbiya im Dschaulân (Golan), ebenfalls halb Nomadenlager, halb feste Stadt; dazu kamen schlossähnliche Bauten entlang dem Rand der Wüstensteppe, wo die Ghassaniden die Häuptlinge der mit ihnen verbündeten Stämme empfangen konnten. Als Vasallen von Byzanz waren sie Christen, gehörten allerdings dem in Syrien vorherrschenden monophysitischen (jakobitischen) Bekenntnis an. Den Höhepunkt ihrer Macht erreichten sie im 6. Jahrhundert: Al-Hârith II. (ca. 529–569) wurde 529 von Kaiser Justinian zum *Phylarchos* erhoben, mit dem Titel eines *Patricius* ausgezeichnet und damit unter die höchsten Würdenträger des römischen Reiches aufgenommen; 563 bereitete der Kaiser ihm in Konstantinopel einen prächtigen Empfang. 580 wurde sein Sohn al-Mundhir *(Alamundaros)* mit zwein seiner Söhne ebenfalls bei Hofe empfangen, doch das Verhältnis verschlechterte sich dann, nicht zuletzt aufgrund des Festhaltens der Ghassaniden am «häretischen» monophysitischen Bekenntnis. Al-Mundhir wurde schließlich nach Sizilien deportiert und sein Sohn an-Nu'mân in Konstantinopel interniert. Die Einnahme von Damaskus und Jerusalem durch den sassanidischen Großkönig Chosrou II. Parwiz 613/14 bedeutete das Ende der ghassanidischen Macht; der letzte Ghassanide Dschabala kämpfte 636 auf byzantinischer Seite gegen die arabischen Muslime, trat dann aber zum Islam über.

Das andere große Feld der Rivalität zwischen dem byzantinischen und dem persischen Reich war der Jemen. Hier herrschten seit dem 3. Jahrhundert die Himyariten *(Homeritae)* über das ehemalige Reich von Saba. Um 500 n. Chr. kam es zu einem Umsturz: Die legitime Dynastie wurde entthront, und ein Usurpator riss die Macht an sich, den die Überlieferung unter dem Beinamen *Dhû Nuwâs* («der mit der Locke») kennt, der den jüdischen Glauben annahm und sich – nach dem biblischen Joseph – Yûsuf nannte. Das Judentum scheint sich seit der Zerstörung Jerusalems durch die Römer im Jahre 70 n. Chr. durch Flüchtlinge und Auswanderer entlang der Weihrauchstraße nach Süden ausgebreitet und unter den arabischen Stämmen und Clans auch Bekehrungserfolge gehabt zu haben; zu Zeiten Mohammeds waren drei der fünf in Yathrib (Medina) lebenden arabischen Stämme jüdischen Glaubens. Der jemenitische König Yûsuf/Dhû Nuwâs soll nun – zur Vergeltung für römisch-byzantinische Repressionen gegen die Juden – in seinem Reich die Christen verfolgt haben, die es dort offenbar auch in größerer Zahl gab. Das wiederum rief die christlichen Äthiopier auf den Plan, hinter denen das christliche Byzanz stand; zwischen 523 und 525 eroberte der Negus von Äthiopien den Jemen, entthronte den Christenverfolger und ließ das Land von christlichen äthiopischen Vizekönigen regieren. Damit endete das Reich von Saba und Himyar.

Einer der äthiopischen Vizekönige war Abraha, der in San'â eine prächtige Kirche – wohl an der Stelle der heutigen Großen Moschee – erbaut haben soll, die berühmte al-Qalîs (griechisch *ekklesia*). In seine Zeit fällt ein weiteres epochales Datum der südarabischen Geschichte: der endgültige Bruch des großen Dammes von Mârib. Mehrere Dammbruchkatastrophen sind für das 5. und 6. Jahrhundert bezeugt; Abraha hat – laut einer Inschrift – im Jahre 542 noch einmal Reparaturen vornehmen können. Wenig später scheint der Damm endgültig geborsten zu sein, so dass die Ebene von Mârib, das Kernland von Saba, verödete. Die Koransure 34, betitelt *Die Sabäer*, hat die Erinnerung daran bewahrt (Verse 15–17). Mit Abraha wird auch Sure 105 *Der Elefant* in Verbindung gebracht; er soll einen Feldzug gegen Mekka unternommen haben, bei dem er Kriegselefanten mitführte; das «Jahr des Elefanten», in dem Gott den Angriff des Christen auf wunderbare Weise scheitern ließ, soll nach einigen Überlieferungen auch das Geburtsjahr Mohammeds gewesen sein (ca. 570).

Bald danach – die gesamte Chronologie des alten Südarabien ist unsicher – erhoben sich die Jemeniten gegen die äthiopische Fremdherrschaft und suchten Hilfe beim persischen Großkönig. Die Sassaniden hatten schon länger auf der Westseite des persisch-arabischen Golfs Fuß gefasst; zahlreiche Burgen in Oman gehen bis auf diese Zeit zurück; die Gelegenheit, mit Südarabien auch den gesamten Handel auf der Weihrauchstraße unter ihre Kontrolle zu bringen, ließen sie sich nicht entgehen. Der Großkönig Chosrou I. Anuschirwan entsandte ein Heer, das die Äthiopier vertrieb. Die Perser setzten nun einheimische Vizekönige ein, die für sie die südarabische Satrapie verwalteten. Während der knapp sechzig Jahre bis zur islamischen Eroberung blieb der Jemen eine persische Provinz.

Die altarabische Sprache, Dichtung und Schrift

Im Norden der Arabischen Halbinsel, am inneren Rand des Fruchtbaren Halbmondes, haben sich im 6. Jahrhundert drei der Merkmale ausgebildet, die für das Arabertum konstitutiv geworden sind: die (nord-)arabische Sprache, die arabische Schrift, die sich in Weiterbildung des nabatäischen Alphabets entwickelt hatte und am Vorabend des Islam in Nordarabien allgemein in Gebrauch gewesen zu sein scheint, und die altarabische Poesie.

Die arabische Sprache *(al-ʿArabiyya)* tritt im 6. Jahrhundert n. Chr. mit ihrer hoch entwickelten Poesie urplötzlich in Er-

Die altarabische Sprache, Dichtung und Schrift

scheinung, ohne dass wir die sicher anzunehmende vorausgehende formative Phase fassen könnten. Die reich entwickelte Prosodie mit einem guten Dutzend komplizierter quantitierender Versmaße und einer Leitform, der *Qasîda* – einer längeren Ode –, weist eine Vielfalt auf, die in keiner semitischen Sprache des Fruchtbaren Halbmondes eine Parallele oder ein Vorbild hat. Die Dichtung hat ihren Ursprung im tribalen Milieu: Der Dichter *(schâʿir)*, dessen Fähigkeiten als von Geistern *(dschinn)* eingegeben erscheinen, ist zunächst Repräsentant seines Stammes und seiner Sippe, der den eigenen Stamm rühmt und den feindlichen schmäht. Lob und Tadel, Panegyrikus und Satire, bleiben häufige Themen der Qaside, auch nachdem sich deren Inhalt weiter differenziert hat. Im 6. Jahrhundert erscheinen die Dichter bereits als selbstbewusste Individuen, die eine selbständige dichterische Existenz geführt haben. Als das Milieu ihres Wirkens zeichnen sich neben den großen periodischen Jahrmärkten auf der Arabischen Halbinsel – z. B. in ʿUkâz bei Mekka –, wo sie sich dem Wettbewerb mit Konkurrenten stellen, die Höfe der Lachmiden in al-Hîra und der Ghassaniden im Ostjordanland ab, wo der Typus des Hofdichters und Panegyrikers erscheint; der Dichter Nâbigha kann durchaus als Hofdichter des Königs von al-Hîra bezeichnet werden.

Überliefert wurden die Gedichte mündlich; die großen Dichter des 6. Jahrhunderts hatten häufig eine Schar von «Überlieferern» *(râwî)* um sich, Rezitatoren, die für die Verbreitung ihrer Qasiden und damit für ihren Ruhm sorgten. So konnten viele Dichtungen der vorislamischen Zeit – überliefert sind mehrere hundert vollständige Qasiden und zahllose Fragmente – im 8. Jahrhundert gesammelt und in Diwanen – das aus dem Persischen übernommene Wort bedeutet «Verzeichnis» oder «Liste» – aufgezeichnet werden. Zwei der klassischen Sammlungen seien besonders erwähnt: die *Muʿallaqât* – wörtlich: «die Aufgehängten», wobei die Bedeutung des Namens nicht eindeutig geklärt ist – und die *Hamâsa* («Eifer», «Enthusiasmus» oder «Tapferkeit») des Abû Tammâm. In den *Muʿallaqât* sind zehn (eigentlich sieben plus drei) Qasiden von je einem anderen Dichter vereinigt, die bis heute als die klassischen Muster der

arabischen Dichtung angesehen werden; der Grundstock von
zunächst sieben Gedichten wurde von einem Rawi des 8. Jahrhunderts zusammengestellt. Drei der Oden sind an einen
Lachmiden-König von al-Hîra gerichtet. Die *Hamâsa,* die der
Dichter Abû Tammâm im 9. Jahrhundert zusammengestellt hat,
ist eine Anthologie altarabischer vorislamischer Poesie; sie ist
in der Nachdichtung Friedrich Rückerts auch einem breiteren
deutschen Publikum bekannt geworden. (*Hamâsa oder die
ältesten arabischen Volkslieder*, gesammelt von Abu temmâm,
übersetzt und erläutert ... 1846)

Die arabische Sprache zeichnet sich durch einen sehr großen
Reichtum aus: Sie verfügt mit ihren Kehllauten und empha-
tischen Lauten über einen Lautbestand, der viel größer ist als
der etwa des Deutschen; dazu kommen ein hoch differenziertes
System der Verbformen und ein unübersehbarer Wortschatz mit
zahlreichen Synonymen und einer Fülle von differenzierenden
Ausdrücken – etwa für verschiedene Typen der Wüste, für kör-
perliche Besonderheiten, Altersstufen oder Qualitätsmerkmale
von Vieh usw. Die den Arabern nicht ganz zu Unrecht nachge-
sagte Fähigkeit und Neigung, sich am Wohlklang ihrer eigenen
Sprache zu berauschen, hat in dieser Fülle ihre Ursache.

Die arabische Schrift besteht aus 28 Zeichen ausschließlich
für Konsonanten (die kurzen Vokale werden nicht geschrieben,
die langen nur angedeutet). Die meisten dieser Buchstaben
haben aber – je nachdem ob sie am Wortanfang, in der Mitte
oder am Ende des Wortes oder isoliert stehen – eine eigene
Form; diese reiche Vielfalt an Buchstabenformen bietet sich zudem für ornamentale Auszierung an, was zu einer erstaunlichen
Entwicklung der Kalligraphie in der Buchkunst wie in der Epigraphik geführt hat. Die arabische Schrift ist eine Kursive, die
von rechts nach links läuft; allerdings können nicht alle Buchstaben nach links weiterverbunden werden. Aus dem älteren,
nach der Stadt Kufa am Euphrat benannten «kufischen» Duktus mit seinen eckigen Formen hat sich im 10. Jahrhundert in
Bagdad das heute hauptsächlich gebräuchliche Nas'chî mit ge-
rundeten Formen entwickelt; doch gibt es neben einem besonderen maghrebinischen Duktus und der iranischen Form des

Nasta'lîq mit der schrägen Führung der Wörter (von rechts oben nach links unten) eine Menge von Zierformen in der Epigraphik, etwa das «blühende Kufi», dessen Oberlängen sich zu blatt- und blütenähnlichen Formen erweitern können. All dies hat sich allerdings erst in islamischer Zeit entwickelt.

II. Arabien und der Islam

Arabien am Vorabend des Islam

Die Arabische Halbinsel hat vor dem Auftreten des Propheten Mohammed keine umfassende politische Ordnung gekannt; die alten südarabischen Reiche beschränkten sich auf die Südwestecke der Halbinsel. Kennzeichnend für das gesamte Gebiet war die tribale Gesellschaftsordnung: Nicht nur die wandernden Verbände der Viehzüchter gliederten sich nach Stämmen, Unterstämmen und Sippen, sondern auch die sesshaften Städter und Bauern waren tribal organisiert. So bestand die Bevölkerung der Stadt Mekka aus den Mitgliedern des Stammes Quraisch, der sich wiederum in ein Dutzend Sippen – darunter die mächtigen Machzûm und 'Abd Schams sowie die weniger einflussreichen Hâschim – gliederte. Die benachbarte Stadt Tâ'if gehörte dem Stamm Thaqîf, während die Oase Yathrib (das spätere Medina) von fünf arabischen Stämmen bewohnt wurde. Wohl schon in vorislamischer Zeit hatte man die Stämme der Arabischen Halbinsel in ein genealogisches Schema eingeordnet, das auf der Annahme der Abstammung aller Stämme von gemeinsamen Ahnen beruhte; als Stammvater der Südaraber galt Qahtân, als der der Nordaraber 'Adnân. Diese Unterscheidung spiegelt einen tiefen Gegensatz zwischen beiden Gruppen wider, der sich bis weit in die islamische Zeit hinaus auswirken sollte. Später – zu einem uns unbekannten Zeitpunkt – hat man die beiden Genealogien in einem dem Alten Testament entlehnten Stammbaum zusammengeführt: Qahtân wurde mit dem biblischen Joktan, einem Enkel von Noahs Sohn

II. Arabien und der Islam

Sem (*Genesis* 10,25), gleichgesetzt, während ʿAdnân als Nachkomme von Ismael, dem verstoßenen Sohn Abrahams und der Hagar (*Genesis* 16,15), eingeordnet wurde. Die Südaraber galten als (oder hielten sich für) die eigentlichen, reinen «arabischen» Araber, die *ʿâriba*, während die Nordaraber als *mustaʿriba*, «Arabisierte», qualifiziert wurden.

Die Stämme sprachen ihre eigenen Dialekte, doch hatten die Dichter bereits eine einheitliche Hochsprache geschaffen, die offenbar überall verstanden wurde. Zum Austausch und zur Angleichung trugen die Jahrmärkte bei, die in einem festen Turnus rund um die Arabische Halbinsel stattfanden und deren friedlicher Verlauf durch Perioden allgemein verbindlicher Waffenruhe gesichert war. Wichtige Treffpunkte waren auch die Heiligtümer verschiedener Götter und Göttinnen, z. B. die Kaʿba, ein würfelförmiges Tempelgebäude in Mekka, das dem Gott Hubal geweiht war, sowie mehrere Kultstätten nordöstlich von Mekka, die bis heute – wenn auch ihrer heidnischen Idole beraubt – Schauplätze des islamischen Pilgerrituals *(haddsch)* sind.

Die arabische Götterwelt ist uns durch Anspielungen im Koran sowie vor allem durch das «Götzenbuch» des irakischen Autors Ibn al-Kalbî (737–821) in Umrissen bekannt. Danach verfügten bestimmte Stämme über die Heiligtümer bestimmter Götter oder Göttinnen, die allerdings auch von Angehörigen anderer Stämme verehrt werden konnten. Die Gottheiten erscheinen als Steine oder als Bäume, deren Rauschen als Orakel gedeutet wurde, wohl auch gelegentlich als primitive Statuen aus Holz oder Stein; bestimmte Sippen waren mit der Pflege der Heiligtümer betraut. Der Hauptgott der Quraisch von Mekka, Hubal, scheint auch unter dem Namen *Allâh* (kontrahiert aus *al-ilâh*, «die Gottheit») verehrt worden zu sein; er gab in der Kaʿba Orakel durch das Werfen von Lospfeilen. Ihm stand eine «Göttin», *Allât*, zur Seite, deren heiliger Bezirk nahe der Stadt Tâ'if lag; die Schicksalsgöttin Manât war in einem schwarzen Stein verkörpert an der Straße von Mekka nach Medina, während al-ʿUzza, der Planet Venus, in drei Bäumen in Nachla östlich von Mekka verehrt wurde. Die Riten, die mit der Verehrung des Gottes der Kaʿba und der in und um Mekka gelegenen

Arabien am Vorabend des Islam 23

anderen Heiligtümer verbunden waren, sind also vorislamischen Ursprungs. Sie wurden später von Mohammed – aus ihren heidnischen Zusammenhängen gelöst – beibehalten aus Pietät gegenüber dem Propheten Abraham, Hagar und deren Sohn Ismael, die schon in vorislamischer Zeit als ihre monotheistischen Stifter galten.

Pilgerfahrten und Jahrmärkte sowie die Sprache der wandernden Dichter schufen erste überregionale Bindungen zwischen den über die Halbinsel verstreuten Stämmen. Dazu kam die Verbindung nach außen durch den Handel, der im Wesentlichen immer noch über die Weihrauchstraße – vom Jemen nach Syrien, d. h. vom Indischen Ozean zum Mittelmeer – lief. Mekka lag zwar nicht unmittelbar an der Route, nahm aber an dem Handel eifrig teil. Die Quraisch lebten vom Handel; noch der Koran erwähnt die alljährlich von ihnen ausgerüstete Winter- und Sommerkarawane (Sure 106, 2), und nach der islamischen Überlieferung soll Mohammed selbst als junger Mann nach Syrien gereist sein.

Von Norden wie von Süden sind das Judentum und das Christentum in vorislamischer Zeit nach Westarabien gelangt; das römisch-byzantinische Syrien, dessen östliche Regionen schon seit der Antike arabisiert waren, war christlich; der Jemen hatte nach einer jüdischen Dynastie die Herrschaft christlicher abessinischer Statthalter erlebt. In Nadschrân gab es eine starke christliche Gemeinde mit einem Bischof an der Spitze, in Yathrib (Medina) waren drei der fünf arabischen Stämme, die die Oase bewohnten, jüdischen Glaubens. Über die Ausbreitung des Juden- und Christentums in diese Gegenden wissen wir so gut wie nichts; umso deutlicher sind jedoch die Spuren, die die Berührung mit den beiden monotheistischen Religionen im Islam hinterlassen hat. Der Koran ist voller Geschichten von Noah und Mose, von den Erzvätern Abraham, Isaak, Jakob und Joseph, den Königen David und Salomon oder dem Propheten Jonas, während vom Christentum nur wenige Spuren zu finden sind. In Mekka selbst scheint es weder eine jüdische noch eine christliche Gemeinde gegeben zu haben; allerdings berichten die islamischen Quellen von dem Phänomen der

Hanifen, einer Art von monotheistischen Gottsuchern ohne Bindung an eine der beiden älteren Religionen, denen die verblasste Welt der altarabischen Götter nicht mehr genügte. Der Prophet Mohammed erschien also in einer Umgebung, die auf seine Botschaft keineswegs ganz unvorbereitet war.

Der Prophet Mohammed

Der Islam gehört zweifellos zu den konstituierenden Elementen des Arabertums, zumindest in frühislamischer Zeit, als die Begriffe Araber und Muslim weitgehend deckungsgleich sind. Mehrfach lässt der Koran Gott sagen: «Dies sind die Verse der deutlichen Schrift. Wir haben sie als einen arabischen Koran herabgesandt» (Sure 12, 1 f.; ähnlich 41, 1 und 43, 1). Zunächst ist also nur der arabischsprechende Teil der Menschheit der Adressat dieser besonderen göttlichen Offenbarung, die in anderer Form, durch andere Propheten und in anderen Sprachen bereits anderen Völkern zuteil geworden war; der Koran «ist eine Schrift, die bestätigt in arabischer Sprache» die Sendung früherer Propheten, etwa des Mose (Sure 46, 12). Das Bewusstsein einer universalen Sendung und Geltung der koranischen Offenbarung scheint sich erst später entwickelt zu haben.

Geboren um 570 als Angehöriger des Clans Hâschim des Stammes Quraisch in Mekka, hat der früh verwaiste Mohammed seinen Lebensunterhalt wie viele Mekkaner zunächst als Händler verdient; als Teilhaber und Treuhänder der reichen Witwe Chadîdscha soll er eine Karawane nach Syrien begleitet und dort Geschäfte betrieben haben, worauf ihn die etwas ältere Chadîdscha heiratete. Nach einem Berufungserlebnis trat der etwa Vierzigjährige um 610 als Prophet (arabisch *nabî*, wie hebräisch *nebi*) eines monotheistischen Glaubens auf, der sich mit seiner Androhung eines bevorstehenden Jüngsten Gerichts vehement gegen die altarabische polytheistische Religion wandte. In Mekka konnte der Prophet nur eine kleine Schar von Anhängern um sich sammeln; die führenden Clans des Stammes Quraisch, die wohl um ihre einflussreiche Stellung und ihre Einkünfte aus den Wallfahrten zur Ka'ba und den anderen Heiligtümern der Umgebung von Mekka fürchteten, standen ihm und seiner Botschaft feindlich gegenüber, drangsalierten seine Anhänger und bedrohten ihn selbst. So kam es im Jahre 622 zur Auswanderung *(hidschra)* des Propheten und seiner Anhänger, die sich selbst «(Gott)Ergebene» *(muslimûn)* und ihren Glauben «Ergebung» *(islâm)* – nämlich in Gottes Willen – nannten, in das 350 Kilometer nordwestlich von Mekka gelegene Yathrib (später al-Madîna), dessen zwei nichtjüdische Stämme zuvor mit Mohammed ein Abkommen geschlossen hatten.

In Yathrib/Medina wurde der Prophet von einem verfolgten Außenseiter zum mächtigen Führer einer immer größer werdenden neuen Gemeinschaft, deren Zusammenhalt nun – statt der bisher unter den arabischen Stämmen geltenden Verwandtschaftsbeziehungen und gelegentlichen Schwurgemeinschaften – durch das Bekenntnis zu dem einen Gott und durch die Loyalität gegenüber seinem Propheten garantiert wurde. Diese neue Gemeinschaft *(umma)*, die zu der überkommenen tribalen Gesellschaftsordnung in Konkurrenz trat – wenn sie diese auch nicht sofort zu ersetzen vermochte –, stand allen Stämmen und Clans offen und galt zudem, da sie auf Gott selbst zurückging, als unauflösbar.

Während der zehn Jahre seines Wirkens in Medina (622–632) gelang es Mohammed, die islamische *umma* praktisch auf die ganze Arabische Halbinsel auszudehnen. Zahlreiche Stämme – sesshafte wie nomadische – schlossen sich dem immer mächtiger werdenden Bund freiwillig an. Die von Juden und zum Judentum konvertierten Arabern bewohnte Oase Chaibar im Hidschâz unterwarf sich der *umma* vertraglich ebenso wie die Christengemeinde der Bischofsstadt Nadschrân im Norden des Jemen. Der von den Persern beherrschte Jemen wurde ebenso gewonnen wie Mohammeds Heimatstadt Mekka, mit deren heidnischer Aristokratie der Prophet zunächst Kämpfe mit wechselndem Ausgang geführt hatte, bis die gegnerischen heidnischen Clans der Quraisch ihre Zukunft in der *umma* besser gesichert sahen als in Gegnerschaft zu ihr. Sie öffneten dem Propheten die Tore und traten zum Islam über (630). Als Mohammed zwei Jahre später starb, war die ganze Arabische

Halbinsel der Umma assoziiert, d. h., fast alle Araber waren im Islam geeint. Zwar galt die Loyalität der Stämme dem Propheten Mohammed persönlich und wurde nach dessen Tod von einigen Stämmen, bei denen nun eigene Propheten auftraten, aufgekündigt, doch gelang es Mohammeds Nachfolger Abû Bakr (632–634), die Abtrünnigen mit militärischer Macht wieder zu unterwerfen und dem «Abfall» *(ridda)* einen Riegel vorzuschieben.

Die arabisch-islamischen Eroberungen

Die antike Welt hatte nur zwei Großreiche gekannt, die sich meist als Rivalen gegenübergestanden hatten: im Westen die hellenistische Welt mit dem römisch-byzantinischen Reich als Erben, im Osten das persische Großreich unter den Achämeniden, Parthern und Sassaniden. Mit der islamischen Umma trat nun erstmals ein dritter Mitspieler auf die politische Bühne; es entstand ein Staat, wo vorher nie einer gewesen war, und dieser begann alsbald, zu expandieren und – wie die beiden anderen – imperiale Macht zu entfalten.

Schon während der Dekade, in der Mohammed in Medina an der Spitze der Umma gestanden hatte, waren erste Strukturen eines Staatswesens geschaffen worden: die Grundzüge eines die Stämme bindenden, übergeordneten Rechts und Gesetzes, eine Schicht von aus Medina geschickten Administratoren und die rudimentären Anfänge eines Abgaben- und Steuerwesens. Zwar wurde die tribale Gliederung der Gesellschaft dadurch nicht aufgehoben, aber doch durch die neuen «staatlichen» Strukturen überlagert.

Die Eliten des neuen Gemeinwesens, die Träger seiner politischen und militärischen Macht, waren ausschließlich Araber; der Historiker Julius Wellhausen hat seine klassische Darstellung der islamischen Frühgeschichte daher «Das arabische Reich und sein Sturz» (1902) betitelt. Den Kern der neuen Elite bildeten Mohammeds erste Leidens- und Kampfgefährten, die Muslime der ersten Stunde, aus deren Reihen auch die vier ersten Kalifen, d. h. «Nachfolger» *(chalîfa),* kamen: Abû Bakr

(632–634), 'Umar (634–644), 'Uthmân (644–656) und 'Alî (656–661), der Vetter und Schwiegersohn Mohammeds. Alle vier waren Angehörige des mekkanischen Stammes Quraisch, allerdings ausgezeichnet durch religiöses Verdienst, vor allem durch ihr frühes Bekenntnis *(sâbiqa)* zur neuen Religion; alle vier hatten zudem die Hidschra des Propheten mitgemacht, waren also «Auswanderer» *(muhâdschirûn)*. Ihnen gegenüber traten die medinensischen Muslime, die «Helfer» *(ansâr)*, von Anfang an in den Hintergrund; sie haben nie einen Kalifen stellen können, obwohl auch sie Anspruch auf dieses Amt anmeldeten. Schon bald aber setzte sich die alte heidnische Geld- und Machtelite von Mekka auch innerhalb der islamischen Umma wieder durch und verdrängte die Schicht des religiösen Verdienstadels. Die führende Rolle übernahm die Familie Umayya aus dem Quraisch-Clan der 'Abd Schams, einst erbitterte Gegner des Propheten und seiner Botschaft, jetzt an vorderster Stelle engagiert in der militärischen Expansion des neuen Staatswesens. Die Quraisch-Aristokratie kann als eine der treibenden Kräfte der nun einsetzenden Eroberungen *(futûh,* wörtlich: «Öffnungen») angesehen werden; ihre Handelsinteressen hatten sie ja schon vor dem Islam nach Syrien geführt; nachweislich besaßen manche Mekkaner auch schon vor der Eroberung Landgüter im östlichen Syrien. Der Umayyade Mu'âwiya, ein Sohn von Mohammeds altem Gegenspieler Abû Sufyân, war an der Eroberung von Palästina und Syrien maßgeblich beteiligt und wurde mit dem Gouvernorat von Damaskus belohnt, das er zwanzig Jahre lang innehatte. Syrien bildete seine Machtbasis, von wo aus er sich gegen die Wahl des vierten Kalifen 'Alî erhob, nach dessen Ermordung 661 er sich unangefochten als Kalif behaupten und Damaskus zur neuen Hauptstadt machen konnte.

Die militärische Expansion des Kalifenreiches begann unter dem zweiten Kalifen 'Umar und führte rasch zur Eroberung des römisch-byzantinischen Palästina/Syrien und des persisch-sassanidischen Mesopotamien (al-'Irâq). 636 wurde ein byzantinisches Heer am Yarmûk, einem linken Nebenfluss des Jordans, besiegt, worauf die byzantinische Armee Syrien räumte; die

II. Arabien und der Islam

Städte Palästinas und Syriens kapitulierten daraufhin fast alle gegen die Gewährung günstiger Bedingungen: Schutz von Leib und Leben, Garantie des Eigentums, Bestandsgarantie für die Kirchen und deren Besitz, freie Religionsausübung. Gegenleistung war vor allem ein von den Städten pauschal zu entrichtender Tribut, der sich später in eine Kopfsteuer *(dschizya)* für die Nichtmuslime verwandelte. Durch diese Verträge erhielten die Nichtmuslime den Status von «Schutzbefohlenen» *(dhimmî)*. Unter solchen Bedingungen kapitulierten Damaskus 635, Jerusalem 638, Caesarea in Palästina 640 und 642 auch Alexandria, wodurch ganz Ägypten unter arabisch-islamische Herrschaft kam. Vertragspartner des Kalifen waren die christlichen Patriarchen und Bischöfe, die nach dem Abzug des byzantinischen Militärs als einzige öffentliche Autorität noch geblieben waren.

In Mesopotamien fand die Entscheidungsschlacht gegen das persische Reichsheer um 636 bei al-Qâdisiyya westlich des unteren Euphrat statt; unmittelbar danach besetzten die Araber die Palaststadt des Großkönigs, Ktesiphon, auf dem Ostufer des Tigris (heute Salmân Pâk südöstlich von Bagdad). Eine zweite Schlacht bei Nihavend in Westiran 641 oder 642 brach die Macht der Perser und öffnete den Weg zur Eroberung des iranischen Hochlandes.

Die schnelle Expansion des Kalifenreiches ist ein erstaunliches Phänomen, das mancherlei widersprüchliche Erklärungen gefunden hat. Das Klischee von den glaubenstrunkenen Massen, die begeistert zur Eroberung der Welt aufbrechen, um den Islam mit Feuer und Schwert zu verbreiten, ist wohl diejenige, die sich am hartnäckigsten hält, obwohl sie durch die historische Forschung längst in Frage gestellt ist. Tatsächlich sind die arabischen Quellen – allesamt längere Zeit nach den Ereignissen aus mündlicher Überlieferung zusammengestellt – wenig geeignet, über die Motive der Akteure Auskunft zu geben. Einen ausdrücklichen Missionsauftrag formuliert der Koran nicht; auch ein politisches Eroberungsprogramm ist nirgends überliefert.

Die – chronologisch wirren und unsicheren – Nachrichten über die Anfänge der Eroberungen zeigen einzelne Beduinentrupps, die wie eh und je an der Grenze des Fruchtbaren Halb-

Die arabisch-islamischen Eroberungen 29

mondes operieren und sich von den Erfolgen des Augenblicks zu ihrem weiteren Vorgehen ermutigen lassen. Damit scheinen die arabischen Eroberungen sich zunächst im Rahmen dessen gehalten zu haben, was der Fruchtbare Halbmond seit dem 3. Jahrtausend v. Chr. als ununterbrochenen Prozess gekannt hatte: das ständige, gelegentlich schubweise forcierte Einsickern semitischsprachiger Nomaden aus der Syrischen Wüste: der Akkader, Kanaanäer und Aramäer. Doch bekamen die arabischen Vorstöße schon bald eine ganz neue Dimension und Qualität, was sich vor allem daran zeigte, dass sie überall – in Iran, Armenien und Kleinasien wie in Ägypten und Nordafrika – weit über den Fruchtbaren Halbmond hinausführten. Dahinter stand der imperiale Wille des neuen Machtzentrums in Medina, das sich allerdings erst nach und nach um eine Koordination des Vorgehens der am Rande des Fruchtbaren Halbmondes selbständig operierenden Scharen bemüht zu haben schien. Dabei waren vor allem die mekkanischen Quraisch und die medinensischen Helfer *(ansâr)* die Heerführer, während die der Umma assoziierten Beduinenstämme, die wohl vor allem auf Beute aus waren, das Gros der Heerhaufen stellten. Ein Fünftel der Beute stand nach alter Sitte dem Kalifen zu, der an die Stelle des heidnischen Stammesscheichs trat; später, nach der Festigung der staatlichen Strukturen, wurde die Zentralregierung die selbstverständliche Empfängerin und Verteilerin der regulären Steuereinnahmen.

Gesichert wurden die Eroberungen in Palästina und Syrien durch Kantonierung der einzelnen Truppenteile in den größeren Städten, in Mesopotamien, Ägypten und Nordafrika dagegen durch die Anlage von Militärlagern, die sich allmählich zu festen Städten entwickelten: um 635 al-Basra und 638 al-Kûfa am Euphrat, 641 al-Fustât (Alt-Kairo) am Nil und 670 al-Qairawân (Kairuan) im heutigen Tunesien. Die dort stationierten Kämpfer *(muqâtila),* die, nach Stammesverbänden geordnet, unter ihren eigenen Anführern kampierten und in den Kampf zogen, erhielten einen Sold *('atâ),* den der regionale Befehlshaber *(amîr)* aus der Beute und dem Tribut – später den regulären Steuern und Abgaben – bestritt. Wie der alte religiöse Verdienstadel und seine Nachkommen, so erhielten auch die Kämpfer der einzelnen

Stämme feste Anteile an den Dotationen, die in einer Heeresliste, dem *dîwân* (persisch: «Liste, Verzeichnis, Register»), eingetragen waren. Die «Kämpfer» – zunächst ausschließlich Araber und Muslime – waren also die Nutznießer dieses fiskalischen Systems, das auf der Steuerkraft der Nichtmuslime beruhte. Die Notwendigkeit, immer neue Steuerzahler zur Alimentierung einer immer größeren Zahl von muslimischen Kämpfern zu unterwerfen, ist sicher ein nicht zu unterschätzendes Motiv für die Ausweitung der Eroberungen gewesen. Die Eroberung des Iranischen Hochlandes und Zentralasiens ist denn auch von den Lagerstädten Basra und Kufa ausgegangen und selbständig vorangetrieben worden, die des Maghrib und der Iberischen Halbinsel von dem Lager von Kairuan.

Das geschilderte System entstand während der Eroberungen und hatte Bestand, solange diese im 7. und 8. Jahrhundert voranschritten; dann wurde es obsolet. Es war die Grundlage dessen, was Julius Wellhausen das «arabische Reich» genannt hat: die imperiale Herrschaft muslimischer Araber über nichtmuslimische Nichtaraber. Eine gewaltsame Bekehrung der Untertanen zum Islam ist nirgendwo versucht worden; die Schutzgarantie *(dhimma)* für die untertanen Nichtmuslime wurde zum festen Bestandteil der islamischen Rechtsordnung *(scharî'a)*; Massenbekehrungen hätten dem Diwan-System die ökonomische Basis entzogen. Erst allmählicher Wandel hat zum Sturz des «arabischen Reiches» geführt. Wenn man auch das religiöse Motiv bei der Ausbreitung des arabischen Imperiums eher als eines unter vielen einstufen darf, so ist doch die Rolle der Religion als Bindeglied der Herrschenden und als Legitimation für deren Herrschaft nicht zu unterschätzen: Nicht die Bekehrung der Ungläubigen, wohl aber die Herrschaft der Muslime über sie ist gottgewollt.

Das Kalifat der Umayyaden (661–750)

Der Kalif Mu'âwiya (661–680) konnte die Nachfolge seines Sohnes Yazîd (680–683) durchsetzen und damit eine Dynastie gründen, die das arabische Reich für neunzig Jahre beherrschen

Das Kalifat der Umayyaden (661–750)

sollte. Damit hatte sich die alte Aristokratie der Quraisch von Mekka gegenüber dem religiösen Verdienstadel des jungen Islam endgültig durchgesetzt. Allerdings war diese Herrschaft nicht unangefochten; gegen Yazîd meldeten nun, in der zweiten Generation, die Nachkommen der Prophetengefährten ihre Ansprüche an, so dass es zu einer blutigen innnermuslimischen Auseinandersetzung (*fitna*, «Prüfung») kam. Al-Husain, der Sohn 'Alîs und Enkel des Propheten, fand bei dem Versuch, im Irak einen Aufstand zu entfachen, 681 bei Kerbelâ den Tod und wurde zum Erzmärtyrer der Oppositionspartei der Schiiten; den Söhnen des Prophetengefährten az-Zubair gelang es, in Mekka ein Gegenkalifat zu errichten, das sich bis 691 behaupten konnte. Auch in der Folgezeit kam es immer wieder zu Aufständen, vor allem alidischer Prätendenten, gegen das etablierte Kalifat.

Der Umayyade 'Abd al-Malik (685–705) konnte indes dem mekkanischen Gegenkalifat ein Ende machen und die Einheit des Reiches wiederherstellen. Dieser wohl bedeutendste Umayyaden-Kalif setzte zudem eine Reihe von Reformen ins Werk. Die wichtigste davon war die Vereinheitlichung der Verwaltungssprache: Von nun an ersetzte in den Akten und auf den Münzen das Arabische das bisher im Westen des Reiches noch verwendete Griechische und im Osten das Mittelpersische (Pahlavi). Die arabische Schrift erhielt dadurch eine für die Zukunft standardisierte Form. Die Gründungsinschrift im Inneren des Felsendoms in Jerusalem, ein Fries aus Glasmosaik, ist die älteste erhaltene arabische Monumentalinschrift und zugleich das früheste materielle Zeugnis für Koranverse, das heute existiert. Der Felsendom (*Qubbat as-sahrâ*, «Felsenkuppel»), der die Stelle markiert, von der aus der Prophet Mohammed seine visionäre Himmelsreise angetreten haben soll, trägt das Gründungsdatum 691. Seine Inschrift wendet sich an die Nichtmuslime, vor allem wohl an die Christen, denen der strenge Monotheismus des Islam mahnend anempfohlen wird. Die Deutung dieses ältesten islamischen Monumentalbauwerks ist umstritten. Neben dem Wunsch, der prachtvollen Grabeskirche der Christen etwas Ebenbürtiges zur Seite zu stellen, ist der Wille

32 II. Arabien und der Islam

der Dynastie, ihre Macht zu demonstrieren, als Motiv wohl nicht auszuschließen. 'Abd al-Malik ist der Initiator eines umfassenden Bauprogramms, das sein Sohn und Nachfolger al-Walîd I. (705–715) vollendete: In der Achse des Felsendomes entstand die Aqsa-Moschee (al-masdschid al-aqsâ, «der fernste Gebetsplatz», in Anlehnung an die Koranstelle 17, 1), die aber nicht mehr in ihrer ursprünglichen Form erhalten ist. Nach ihrem Vorbild wurde in der Hauptstadt Damaskus an der Stelle der Johannes-Kirche, des ehemaligen Jupitertempels, die noch heute bestehende Umayyaden-Moschee errichtet. Die Gebäude des Anwesens des Propheten in Medina, in dessen Hof dieser begraben worden war, mussten einem prachtvollen Moschee-bau weichen, und auch die Hauptmoschee in al-Fustât (Alt-Kairo) wurde neu errichtet. Mit diesen Bauvorhaben, an denen syrisch-byzantinische und koptische Künstler maßgeblich beteiligt waren, schufen 'Abd al-Malik und al-Walîd die wegweisenden Beispiele islamischer Monumentalarchitektur und islamischen Baudekors.

Unter der Herrschaft der Umayyaden wurden die Eroberungen weiter vorangetrieben. Zwar blieb eine erste Belagerung von Konstantinopel (Istanbul) in den Jahren 674–678 erfolglos, und 717–718 scheiterte ein Flottenunternehmen gegen Konstantinopel am Griechischen Feuer der Byzantiner, doch wurden im Westen wie im Osten weite Gebiete dem Islam unterworfen. 711 setzte ein aus Arabern und Berbern bestehendes Heer unter Târiq über die seitdem nach diesem benannte Meerenge von Gibraltar (Dschabal Târiq = «Berg des Târiq») und machte dem Reich der Westgoten auf der Iberischen Halbinsel ein Ende. Zur gleichen Zeit stieß ein arabischer Trupp ins Indusdelta im heutigen Pakistan vor; 710 wurde Buchara und 715 Samarqand im heutigen Usbekistan erobert; 751 nahmen die Araber die äußerste iranische Stadt, Tschatsch (Taschkent), ein. Damit aber erlahmte die Kraft der Eroberungsbewegung. Schon der in Europa vielberedete Vorstoß eines spanisch-arabischen Trupps ins Frankenreich, der 732 von Karl Martell zwischen Tours und Poitiers zum Stehen gebracht wurde, scheint nur noch ein Beutezug gewesen zu sein, der wohl der reichen Abtei St-Martin in Tours gegolten

Das Kalifat der Umayyaden (661–750)

hat; zu einer Eroberung Frankreichs kam es nicht mehr, auch wenn das Roussillon und Teile des Languedoc und der Provence zeitweilig unter arabischer Herrschaft standen. Schon unter Karl dem Großen setzte dann die Gegenbewegung der Rückeroberung (Reconquista) der Iberischen Halbinsel durch die christlichen Mächte ein.

Die letzten Jahrzehnte der Herrschaft der Umayyaden waren durch meist kurze und schwache Kalifate sowie durch innere Konflikte gekennzeichnet. Der letzte bedeutende Herrscher, Hischâm (724–743), einer der vielen Söhne 'Abd al-Maliks, konnte das Reich noch zusammenhalten. Von den Pyrenäen bis nach Zentralasien wurde die Zentralgewalt durchgesetzt; die Kaspischen Tore, die Pässe am östlichen Ende des Kaukasus, wurden gegen die aus den nördlichen Steppen andrängenden Türken gesichert. Wie sein Vater und sein Bruder ist auch Hischâm ein großer Bauherr gewesen; auf ihn gehen mehrere der Wüstenschlösser der Umayyaden zurück, die wohl der Kontrolle der Beduinen ebenso wie der landwirtschaftlichen Erschließung der Wüstensteppe und dem Jagdvergnügen dienten. Die Ruinen von Qasr al-Hair asch-Scharqî nordöstlich von Palmyra haben durchaus die Größe einer Palaststadt; aus Chirbat al-Mafdschar im Jordantal, nicht weit von Jericho entfernt, ist eine Fülle von plastischen Kunstwerken aus Stuck erhalten, darunter eine Statue des Kalifen (heute im Rockefeller Museum von Jerusalem).

Innenpolitisch hat sich die Macht der Umayyaden wechselnd auf nord- oder südarabische Stämme gestützt, deren uralter Gegensatz nicht durch die islamische Umma überwunden werden konnte. Gestürzt ist das «arabische Reich» denn wohl auch, weil es nicht gelang, die immer größer werdenden Personenkreise, die an der Umma teilzuhaben wünschten, zu integrieren. Zwar ist der Islam von seinem Anspruch her egalitär: Alle Muslime sind vor Gott gleich. Aber in der Realität blieb nicht nur die alte Stammesstruktur mit ihren partikularen Loyalitätsverhältnissen erhalten; es traten auch immer neue Gruppen der Umma bei, die Mühe hatten, sich gegenüber den älteren Eliten durchzusetzen. Zu den mekkanischen Auswanderern *(muhâdschirûn)* waren die medinensischen «Helfer» *(ansâr)* gekommen, dann die Mekkaner, die bis zuletzt am Heidentum festgehalten hatten, und die arabischen Beduinenstämme, die für die Umma gewonnen oder unterworfen werden konnten; schließlich die immer größer werdende Zahl der bekehrten nichtarabischen Muslime, die zu den herrschenden arabischen Eliten in ein Klientelverhältnis traten und daher als *mawâlî* («Klienten») bezeichnet wurden. Zu nennen sind vor allem die Perser, deren ritterliche Adelige, die Dehgane, sehr rasch fast geschlossen zum Islam übertraten und ihre Hintersassen und Bauern mitzogen. Als militärische Hilfstruppen sowie als lokale Autoritäten und Steuereinnehmer waren sie den Arabern unentbehrlich und konnten so ihre alten Privilegien bewahren, ohne indes von der arabischen Aristokratie als gleichwertig anerkannt zu werden.

Die Rebellion, die im Jahre 747 im äußersten Nordosten Irans begann und 750 mit der Eroberung des Irak und der Einnahme von Damaskus endete, wurde getragen von arabischen Stammeseinheiten, die wegen der Verteilung von Beute und Steueraufkommen mit der Zentralregierung unzufrieden waren, im Verein mit iranischen *mawâlî*. Unterstützt wurde diese Opposition auch von schiitischen Gruppen, die die Umayyaden für Emporkömmlinge hielten und die Aliden, die Nachkommen von Mohammeds Vetter und Schwiegersohn ʿAlî, als die allein legitimen Nachfolger des Propheten ansahen. In der späteren arabischen Geschichtsschreibung wird den Umayyaden die mangelnde religiöse Legitimation angekreidet: Sie hätten das Kalifat zu einem weltlichen Königtum *(mulk)* herabgewürdigt. Der Historiker muss sich diesem religiös gefärbten Urteil nicht anschließen. Das Kalifat der Umayyaden von Damaskus war eine der glanzvollsten Epochen der arabischen Geschichte; Hofdichtung und Monumentalarchitektur waren auf einem Höhepunkt, und die politische Macht des umayyadischen Kalifats, das sich von Südfrankreich bis an den Indus erstreckte, wurde später nie wieder erreicht. Mit dem Sturz der Dynastie begann – nur 120 Jahre nach dem Tode Mohammeds – die Auflösung des Kalifenreichs.

Das abbasidische Kalifat von Bagdad

Der Umsturz von 750, der als «abbasidische Revolution» bezeichnet wird, brachte eine Dynastie an die Macht, die das Kalifat für mehr als ein halbes Jahrtausend – bis zur Invasion der Mongolen 1258 – innehaben sollte. Die Abbasiden waren Nachkommen des 'Abbâs, eines Onkels Mohammeds, im Unterschied zu den Umayyaden also mit dem Propheten nahe verwandt. Mohammeds direkte leibliche Nachkommen, die Aliden, zunächst Unterstützer des Umsturzes, gingen erneut leer aus; ihre Anhängerschaft, die «Partei» (Schî'a), wurde endgültig zur Oppositionspartei.

Das Revolutionsheer, das durch seinen Marsch von Zentralasien nach dem Irak und weiter nach Syrien und Ägypten das alte Regime zum Einsturz gebracht hatte, bestand überwiegend aus unzufriedenen Arabern; die neue Dynastie war arabisch und quraischitisch wie ihre Vorgängerin. Doch die Exklusivität des «arabischen Reiches» wurde nicht wiederhergestellt. Persische «Klienten» waren nicht unwesentlich am Umsturz beteiligt gewesen, und Männer aus ihren Reihen spielten fortan in wachsendem Maße eine Rolle in der Armee, in der Verwaltung, am Hof und im geistigen Leben. Die geographische Verlagerung des Schwerpunktes mit der Gründung einer neuen Hauptstadt förderte diesen Prozess: Die neuen Herren blieben im Irak und entschlossen sich nach einigem Suchen, bei der alten Ortschaft Baghdâd am Westufer des Tigris eine neue Palaststadt, Madînat as-Salâm, die «Stadt des Heils», zu gründen. Der zweite Abbasidenkalif al-Mansûr (754–775) begann um 758 mit dem Bau einer kreisrunden Anlage nach persischem Vorbild, in deren Zentrum Palast und Moschee lagen, während an der Peripherie innerhalb des Mauerrings die Behörden (Diwane) und die Wohnungen für die Beamten und Würdenträger lagen; die Armee wurde in Quartieren außerhalb der Stadt angesiedelt. Die Runde Stadt des Mansûr, von der heute keine Reste mehr vorhanden sind, wurde 762 vollendet. Bald entwickelten sich an den vier Ausfallstraßen Märkte, die zu Vorstädten anwuchsen, so dass die Palastanlage sich rasch zu einer wirklichen Stadt entwickelte, zumal der Kalif selbst und seine Nachfolger schon seit 773 eine Reihe von Schlössern beiderseits des Tigris errichtet hatten, die ihnen anstelle der Runden Stadt als Residenzen dienten. Unter dem Kalifen Hârûn ar-Raschîd (786–809) und seinem Sohn al-Ma'mûn (813–833) bedeckte die Metropole eine dicht besiedelte Fläche von fast zehn Quadratkilometern mit einer geschätzten Einwohnerzahl von fast einer Million; es war damals die größte und bevölkerungsreichste Stadt der Welt.

Der Hof der Bagdader Kalifen begann sich zu wandeln. Waren die Umayyaden in Damaskus und in ihren Wüstenschlössern wie mächtige arabische Stammesscheichs aufgetreten, so nahm das Zeremoniell der Abbasiden in Bagdad immer mehr Züge des Prunks der alten orientalischen Großkönige an: Inmitten seiner Runden Stadt dem Volk entrückt, war der Kalif nur noch privilegierten Personen zugänglich; wie der sassanidische Perserkönig und der byzantinische Kaiser hielt er, hinter einem Vorhang verborgen, Audienz; eine Krone oder ein Diadem *(tâdsch)* oder eine über seinem Haupt an einer Kette befestigte Hängekrone *(schamsa)* und andere kostbare Insignien hoben seinen Rang hervor. Neben ihren Vornamen nahmen die Kalifen nun bei der Thronbesteigung Beinamen an wie al-Mansûr (der Siegreiche), ar-Raschîd (der Rechtgeleitete) oder al-Ma'mûn (der Vertrauenswürdige). Ein besonderes Kennzeichen der abbasidischen Herrschaft ist das Aufkommen des Amtes des Wesirs *(wazîr* = «Helfer»), der als eine Art leitender Minister die großen Behörden (Diwane) – Steuern, Armee und Kanzlei – kontrollierte und koordinierte und die innere und äußere Politik leitete. Schon ehe für das Amt feste Formen entwickelt wurden, übte die aus dem heutigen Afghanistan stammende iranische Familie der Barmakiden – Yahyâ ibn Khâlid und seine Söhne al-Fadl und Dscha'far – während der ersten siebzehn Regierungsjahre Hârûns fast unumschränkte Macht in Bagdad aus, bis der Kalif sich ihrer 803 gewaltsam entledigte.

Seit der abbasidischen Revolution begann das Kalifenreich zu schrumpfen. Mit der Verwurzelung der islamischen Herrschaft in den Provinzen begannen sich die regionalen Sonderinteressen gegenüber der Zentralregierung bemerkbar zu machen. Die ungeheuren Entfernungen erschwerten die Kommunikation und damit eine direkte administrative Kontrolle der Randgebiete. Bagdad war nicht mehr in der Lage, Armeen zu unterhalten, die das Riesenreich zwischen den Pyrenäen und dem Indus hätten zusammenhalten können.

Die Regionalisierung der Herrschaft erfolgte nach zwei Mustern. Das eine war die Bildung von Staaten, die von Bagdad unabhängig waren. Die arabischen Kämpfer auf der Pyrenäenhalbinsel erkannten die neue Dynastie nicht an. 756 nahmen sie einen flüchtigen Umayyadenprinzen auf, der dem Massaker an seiner Familie entronnen war und sich nun als «Befehlshaber» *(amîr)* von al-Andalus – d.h. der islamischen Pyrenäenhalbinsel – etablieren und seine Herrschaft an seine Nachkommen weitergeben konnte. Im heutigen Marokko gelang es einem anderen Flüchtling, dem Prophetennachkommen Idrîs, 789 den Berberstamm der Aurâba, der die römische Stadt Volubilis in Besitz genommen hatte, für sich zu gewinnen und sich mit seiner Hilfe zum Herrscher zu machen. Das von ihm 789 gegründete Fes (Fâs) wurde 808 durch seinen Sohn Idrîs II. erweitert. Arabische Flüchtlinge aus Andalusien und Kairuan machten die Stadt zu einem ersten arabischen Siedlungskern inmitten der berberischen Stämme des westlichen Maghrib.

Das andere Modell wurde seit 800 in Kairuan praktiziert. Die arabische Lagerstadt im heutigen Tunesien war 761 von einer abbasidischen Truppe besetzt und Bagdad unterworfen worden; einen Offizier dieser Truppe, Ibn al-Aghlab, setzte der Kalif Hârûn ar-Raschîd im Jahre 800 als Gouverneur und militärischen Befehlshaber *(amîr)* ein. Er wurde der Begründer einer *de facto* unabhängigen Gouverneursdynastie, der Aghlabiden (800–909), die mit dem Einverständnis des Kalifen, der der nominell anerkannte Oberherr blieb, den mittleren Maghrib und das von 827 bis 878 eroberte Sizilien regierte. Der Emir schuldete dem Kalifen einen jährlichen Geldbetrag sowie – als Zeichen der Anerkennung seiner Oberhoheit – die Nennung seines Namens im Bittgebet am Ende der Freitagspredigt *(chutba)* und auf den Münzen *(sikka)*. Ähnliche, nominell Bag-

38   II. Arabien und der Islam

dad unterstehende Gouverneursdynastien etablierten sich später in Ägypten sowie in Ostiran und Zentralasien; sie schränk-
ten die tatsächliche Macht des Bagdader Kalifen erheblich ein.
Die Eroberungen kamen zum Stehen; das byzantinische Kleinasien konnte trotz einer Reihe von Feldzügen nicht für den Islam
erobert werden.

Al-'Arabiyya
Die arabische Hochsprache und ihre Literatur

Der Bagdader Buchhändler Ibn an-Nadîm berichtet in seinem
im Jahre 988 verfassten «Verzeichnis» *(Fihrist)* der ihm bekannten Autoren und ihrer Werke, dass in der Hauptstadt des Kalifenreichs in einer einzigen Gasse des Basars über hundert Läden
von Buchkopierern und -händlern zu finden seien, und er weiß
von einem Bagdader Bibliophilen, der in seiner Truhe Handschriften von sechs Generationen gelehrter Autoren hortete:
auf Pergament, ägyptischem Papyrus, chinesischem Papier oder
Lederrollen, allesamt mit dem Namen des Schreibers versehen
und beglaubigt. Ibn an-Nadîm führt in seinem «Verzeichnis»
mehr als sechstausend Buchtitel – und zwar keineswegs nur von
muslimischen Autoren – auf; dabei zeigt er sich vor allem stark
interessiert an den griechischen Philosophen.

Die islamischen Eroberungen hatten nicht nur den Horizont
der Araber ungeheuer erweitert, sondern ihnen auch neue Tech-
niken verschafft: Nach einem Gefecht arabischer Truppen mit
chinesischen Grenzposten am Fluss Talas (im heutigen Kirgistan
nahe der kasachischen Grenze) im Jahre 751 waren unter den
chinesischen Kriegsgefangenen auch Papierwerker, die man in
Samarqand ansiedelte. Die Papierherstellung wurde im Osten
Irans sehr rasch heimisch und wurde durch den Barmakiden
al-Fadl 794 in Bagdad angesiedelt, von wo sie dann schnell
ihren Siegeszug nach Westen antrat. Die Verwendung des
Papiers war eine der Voraussetzungen für die ungeheure Produktion von Literatur in arabischer Sprache, die im 9. und
10. Jahrhundert einsetzte. Eine weitere war die Existenz der
Metropole Bagdad und des Kalifenhofes, an dem sich Einflüsse

Die arabische Hochsprache und ihre Literatur   39

von den Enden der damals bekannten Welt kreuzten und bündelten und wo Wissenschaft und Literatur allerhöchste Förderung fanden.

Es waren vor allem die religiösen Schriften, von denen die arabische Literatur der Abbasidenzeit ihren Ausgang nahm. Eine bis dahin in diesem Ausmaß unbekannte Tätigkeit der Sammlung bisher vor allem mündlich tradierter Nachrichten setzte ein. Noch in den letzten Jahren der umayyadischen Zeit hatte der aus Medina stammende Ibn Ishâq (gest. um 767) erstmals den Lebenslauf *(Sîra)* des Propheten Mohammed zusammengestellt; sein Werk ist uns in der verkürzten Redaktion des Ibn Hischâm aus Basra (gest. etwa 830) erhalten. Al-Wâqidî (747–823), ein Protegé des Kalifen Hârûn ar-Raschîd und des Barmakiden Yahyâ, sammelte die Nachrichten über die Feldzüge *(al-maghâzî)* Mohammeds; sein Sekretär Ibn Saʿd (784–845) vereinigte in einem heute neunbändigen Werk die Biographien des Propheten, von dessen Gefährten sowie von den bedeutendsten Persönlichkeiten der folgenden Generationen. Alle diese Autoren waren «Klienten», *mawâlî*, d. h. Muslime nichtarabischer Abstammung. Ibn al-Kalbî aus Kufa (737–821), dessen *Götzenbuch* wir ausführliche Nachrichten über die altarabischen Götter und ihre Heiligtümer und Kulte verdanken, weilte unter dem Kalifen al-Mahdî (775–785) eine Zeit lang in Bagdad.

Die juristische Literatur beginnt mit dem *Traktat über die Erntesteuer*, den der Richter von Bagdad, Abû Yûsuf (gest. 798), für Hârûn ar-Raschîd verfasste. Er war ein Schüler des großen irakischen Rechtslehrers Abû Hanîfa aus Kufa (gest. 767), dessen Mausoleum in Bagdad bis heute eine Wallfahrtsstätte für die Sunniten ist. Die Entstehung der heute noch existierenden sunnitischen Rechtsschulen (Sing. *madhhab*) aus den Schülerkreisen Abû Hanîfas, des Medinensers Mâlik (gest. 796), des in Ägypten verstorbenen Palästinensers asch-Schâfiʿî (767–820) und des Bagdaders Ibn Hanbal (780–855) war die Voraussetzung für das Aufblühen einer umfangreichen islamischen Rechtsliteratur, die mit ihren Grundsatztraktaten, Kommentaren und Superkommentaren heute ganze Bibliotheken füllt.

40 _II. Arabien und der Islam_

Wenig später setzt die Sammlertätigkeit der Traditionarier
ein, die die zunächst mündlich überlieferten, meist kurzen,
anekdotenartigen Nachrichten über die Aussprüche und Entscheidungen des Propheten Mohammed, die seit etwa 700 eine
immer größere Bedeutung in der juristischen, theologischen und
politischen Diskussion erhielten, sammelten, nach eigens entwickelten Echtheitskriterien sichteten und in systematischer
Ordnung schriftlich festhielten. Der bedeutendste Sammler
dieser _Hadîth_ («Ereignis») genannten Traditionen war al-Buchârî (810–870), ein aus Zentralasien stammender Gelehrter
persischer Abstammung, der «auf der Suche nach Wissen» _(fî_
talab al-ʿilm) Bagdad, Mekka und Ägypten besucht hatte. Sein
Sahîh («Der Echte»), der 2762 Prophetenüberlieferungen ent-
hält, genießt bis heute bei den Sunniten den höchsten Rang unter den religiösen Schriften neben dem Koran. Auf ähnliche
Weise – durch weite Reisen zum Zweck des Sammelns – sind die
übrigen fünf sunnitischen Standardsammlungen von Prophe-
tentraditionen in dieser Zeit entstanden; die meisten wurden
übrigens von Männern aus Iran oder Zentralasien in arabischer
Sprache verfasst. Es sind – neben dem Koran und seinen Kommentaren – vor allem die Traditionssammlungen und die juristischen Werke gewesen, die das in Basra und Bagdad normierte
klassische Hocharabisch bis in die entferntesten Winkel des
Kalifenreiches verbreitet haben.

Zur Stärkung des Zusammengehörigkeitsbewusstseins der
Muslime – ob sie nun arabischer Abstammung waren oder
nicht – hat auch das entstehende Interesse an der Frühzeit und
Geschichte des Islam beigetragen. Die ursprüngliche Überlieferung der historischen Ereignisse erfolgte mündlich in Form von
einzelnen Nachrichten _(chabar)_, die dann – ähnlich wie die
Prophetenaussprüche – in der Abbasidenzeit chronologisch geordnet in Sammlungen schriftlich festgehalten wurden. Die
älteste erhaltene Chronik ist die des Chalîfa ibn Chayyât (gest.
854), eines Basriers. Die Geschichte der arabisch-islamischen
Eroberungen trug al-Balâdhurî (gest. 892), ein Mann persischer
Herkunft, in Bagdad zusammen. Den Höhepunkt der frühen
abbasidischen Geschichtsschreibung bildet die _Chronik der_

Gottgesandten und Könige des Tabarî (839–923), eine Welt-chronik von der Schöpfung bis auf seine eigenen Tage, die der Iraner nach Reisen nach Syrien und Ägypten unter Verwendung älterer Sammlungen in Bagdad verfasste – ein Mammutwerk von dreizehn Bänden, auf dem ein Großteil unserer Kenntnis der frühislamischen Geschichte beruht.

Neben diesen mit dem Islam verknüpften Werken bildete sich aber auch eine Schöne Literatur heraus, die durchaus weltlicher Natur war und nicht von den Religionsgelehrten *('ulamâ)*, sondern von den Höflingen und Beamten der Diwane, den «Sekretären» *(kuttâb)*, verfasst und gelesen wurde. Die höfische Poesie erreichte ihren Gipfel in den Gedichten des Persers Abû Nuwâs (gest. 815), eines «Klienten» am Hof von Hârûn ar-Raschîd und seinem Sohn al-Amîn, der trotz seiner persischen Abstammung von den Arabern als einer ihrer größten Dichter gefeiert wurde und wird, wenn auch seine um Wein, Weib und Gesang kreisenden Verse durchaus nicht die Zustimmung der frommen Religionsgelehrten gefunden haben. Die unterhaltende gebildete Prosa weltlichen Inhalts *(adab)*, die oft auf Übersetzungen aus dem Mittelpersischen fußt, fand ihren bedeutendsten Vertreter in al-Dschâhiz (776–869), der einer «Klienten»-Familie aus Basra entstammte; seine Satiren wie das *Buch der Geizigen*, seine Polemiken oder seine Enzyklopädien wie das *Buch der Tiere* sind bis heute Muster unübertroffener arabischer Prosa. Und schließlich ist auch der älteste arabische Kern von *Tausendundeiner Nacht* im Bagdad des Hârûn ar-Raschîd und der Barmakiden entstanden.

Das Ergebnis dieses reichen literarischen Lebens ist die arabische Hochsprache, die *'Arabiyya,* denn die arabische Grammatik ist ebenfalls ein Kind des abbasidischen Irak. In Basra wirkten die ersten bedeutenden arabischen Grammatiker und Lexikographen Sîbawaih (gest. 786) und al-Khalîl (gest. 791). Entstanden aus dem religiösen Bedürfnis, dunkle Stellen des Koran möglichst eindeutig zu verstehen, nahm die Grammatik bald wissenschaftliche Interessen auf. Die Schule von Basra hat dabei – im Unterschied zu der von Kufa – besonderen Wert auf die Normierung der Sprache gelegt und versucht, die Regeln der korrekten Hochsprache, der *fusha* («die sprachlich Reinste»), an dem vorbildlichen Sprachgebrauch der Beduinen, der als besonders rein galt, zu orientieren. In wechselseitiger Beeinflussung von gesprochener Sprache, Literatur und normierender Grammatik entstand so zwischen dem 8. und 10. Jahrhundert im Irak die klassische *'Arabiyya,* die Hochsprache, die bis heute alle eint, die sich als Araber fühlen.

Die Rezeption des antiken Erbes

Die arabische Hochsprache, die in Bagdad und Basra ihre normative Form erhielt, wurde von den Gebildeten auch in Samarqand und Buchara, in Cordoba und Toledo verstanden, ganz gleich, ob sie arabischer Herkunft waren oder nicht. Mit der 'Arabiyya entstand ein Medium der Kommunikation, das von den Grenzen Chinas bis an die Marken des Frankenreichs genutzt wurde und das einen Kulturtransfer ermöglichte, wie ihn die Welt bisher nur einmal – in der hellenistischen Epoche – gekannt hatte. Nun trat das Arabische an die Stelle des Griechischen und der Islam an die des Hellenismus. Zwar konnten die Araber weder Kleinasien noch Konstantinopel und Griechenland erobern, doch gerieten mit Seleukeia am Tigris, Antiocheia und Alexandria drei der wichtigsten hellenistischen Metropolen unter ihre Herrschaft. Zwar spielte Alexandria in Wissenschaft und Philosophie längst nicht mehr die Rolle, die es noch bis ins 5. Jahrhundert behauptet hatte, doch war das antike Erbe noch immer in der ganzen östlichen Mittelmeerwelt lebendig, und es wurde von den Arabern begierig ergriffen. Die Story von der Zerstörung der Bibliothek von Alexandria durch den zweiten Kalifen 'Umar ist ein Märchen.

Vom Kalifen al-Ma'mûn (813–833) wird überliefert, dass ihm Aristoteles im Traum erschienen sei: «ein Mann von rötlich-weißer Hautfarbe, mit hoher Stirn, buschigen Brauen, kahlem Kopf, dunkelblauen Augen und schönen Zügen, auf einem Katheder sitzend». Der Kalif habe sich an den großen Gelehrten gewandt und ihn befragt, und diese Begegnung habe ihn dazu veranlasst, mit dem Sammeln griechischer Handschriften zu be-

Die Rezeption des antiken Erbes   43

ginnen und ihre Übersetzung ins Arabische zu veranlassen. In dieser Legende verdichtet sich ein Vorgang, der sich über mehrere Generationen hinzog. Vermittler des antiken Erbes waren vor allem die aramäisch sprechenden Christen, die im Fruchtbaren Halbmond die große Mehrzahl der Untertanen des Kalifen ausmachten. Ein großer Teil der griechischen Literatur war längst ins Aramäische übersetzt, so dass die Weiterübersetzung ins Arabische meist über diese Zwischenstufe erfolgte. So war denn auch der erste bekannte Übersetzer ins Arabische der Christ Yahyâ (Johannes) al-Bitrîq («der Patrikios»), der mehrere medizinische Schriften sowie die Tetrabiblos des Ptolemaios übersetzte; der Kalif al-Mansûr (754–775) soll ihn dazu veranlasst haben. Sein Sohn, der ebenfalls Yahyâ hieß, trat zum Islam über; er war der Protegé eines Wesirs des Kalifen al-Ma'mûn. Der jüngere Yahyâ begann mit der Übersetzung der Werke des Aristoteles: *Über den Himmel, Die Himmelserscheinungen, Über die Tiere, Die Politik* und das Grundwerk der Logik, das *Organon;* von Platon übertrug er den Dialog *Timaios*, der sich mit kosmologischen Fragen beschäftigt.

Im Jahre 830 eröffnete al-Ma'mûn sein berühmtes *Bait al-hikma*, das «Kabinett der Weisheit», das nicht, wie gelegentlich übertreibend behauptet wird, eine Universität war, sondern ein Bibliothekssaal, dessen ständig wachsende Handschriftenbestände den Gelehrten zugänglich waren. Zugleich förderte der Kalif die Übersetzungen ins Arabische. Ein syrischer Christ, Yûhannâ ibn Mâsawaih, war der erste Leiter dieses Instituts. Ihm folgte Hunain ibn Ishâq, der Sohn eines christlichen Apothekers aus der alten Lachmiden-Hauptstadt al-Hîra am Euphrat. In Alexandria soll er Griechisch gelernt, in Basra sein Arabisch verbessert haben; als junger Arzt trat er in al-Ma'mûns Dienste und war noch unter dem Kalifen al-Mutawakkil (847–861) tätig. Hunain ist der bedeutendste Übersetzer der Bagdader Schule; er übertrug aus dem Griechischen vor allem in seine aramäische Muttersprache, seltener direkt ins Arabische. Ihm verdanken die Araber die Übersetzung zahlreicher Traktate des Galen und anderer antiker Ärzte wie Hippokrates, Rufus von Ephesos und Paulos von Aigina, aber er übersetzte auch den Pharmakologen

Dioskorides, den Geographen und Astronomen Ptolemaios, den Mathematiker Archimedes sowie Platon und die Neuplatoniker Porphyrios und Alexander von Aphrodisias. Hunain starb 873, doch die Bagdader Übersetzerschule bestand, gefördert von Kalifen, Wesiren und anderen hohen Beamten, bis ins 10. Jahrhundert. Im Jahre 991 oder 993 gründete Schapur ibn Ardaschir, der persische Wesir des Kalifen ar-Râdî, in der Bagdader Vorstadt al-Karch ein «Haus der Wissenschaft» *(dâr al-'ilm)*, das eine Bibliothek von über zehntausend Bänden enthielt und das auch ausländischen Gelehrten, die in Bagdad weilten, offenstand.

Das Interesse der Araber am griechischen Schrifttum war selektiv. Übersetzt wurden nur Prosawerke, vor allem wissenschaftlichen und philosophischen Inhalts. Die Dichtung – Epos, Drama und Lyrik – fehlt ganz; von Platon fehlt die Mehrzahl der Dialoge. Aristoteles dagegen wird «der Philosoph» schlechthin, und auch alles, was nach ihm kam – vor allem das umfangreiche Schrifttum Plotins und der Neuplatoniker –, wurde mit ihm in Zusammenhang gebracht. Die griechischen Wörter *philosophos* und *philosophia* wurden als *failasûf* bzw. *falsafa* ins Arabische übernommen, ebenso wie zahllose Begriffe aus der Medizin, Botanik, Pharmakologie oder Astronomie.

Die Rezeption des antiken Erbes durch die Araber ist in zweierlei Hinsicht bedeutsam. Einmal hat sie das geistige Leben der islamischen Welt befruchtet und bereichert; auf der so gelegten Basis erwuchs eine eigenständige arabische – wenn auch nur eingeschränkt «islamische» – Philosophie, die zuerst durch den Namen al-Kindî (etwa 800–870) repräsentiert wird. Dieser Spross einer arabischen Familie aus Kufa war ein Protegé der Kalifen al-Ma'mûn und al-Mu'tasim (833–842); einer der Söhne des Letzteren war sein Schüler. Kindîs System ist stark von der aristotelisch-neuplatonischen Begriffswelt beeinflusst. Der Philosoph al-Fârâbî (872–950), aus Transoxanien stammend und türkischer Abstammung, wirkte ebenfalls in Bagdad und später in Syrien. Der Arzt und Philosoph Ibn Sînâ (latinisiert Avicenna; 980–1037), in Buchara geboren, lebte und lehrte in zahlreichen Städten Irans; seine Hauptwerke, der medizinische

Die Rezeption des antiken Erbes

«Kanon» *(al-Qânûn)* und das philosophische «Buch der Heilung» erlangten die Bedeutung von Standardwerken, nicht nur bei den Arabern, sondern bald auch im christlichen Abendland. Bei den Religionsgelehrten *('ulamâ)* des Islam stand die griechische Philosophie indes immer unter dem Verdacht der Ketzerei, obwohl man sich in den theologischen Kontroversen durchaus der aristotelischen Logik bedienen konnte. Die Naturwissenschaften dagegen wurden ohne Bedenken übernommen und weiterentwickelt; die «antiken Wissenschaften» *(al-'ulûm al-qadîma)* wurden dem Kanon der religiösen, d. h. im eigentlichen Sinn islamischen Wissenschaften wie selbstverständlich hinzugefügt.

Ebenso bedeutsam wie für die Araber selbst war deren Rezeption des antiken Erbes für das christliche Abendland, in dessen Klosterbibliotheken zwar die lateinische Literatur bewahrt wurde, die griechische aber allenfalls in lateinischer Übersetzung vorhanden war. Die Vermittlerrolle der Araber kann nicht hoch genug eingeschätzt werden. Das antike Schrifttum in arabischer Fassung fand seinen Weg nach Westeuropa vor allem über die Iberische Halbinsel, wo die Errichtung der Spanischen Mark in Katalonien nach der Einnahme von Barcelona durch Karl den Großen im Jahre 801 die Franken in enge Berührung mit den «Sarazenen» brachte, wie die muslimischen Araber – nach dem griechischen Namen eines arabischen Stammes auf dem Sinai, den *Sarakenoi* – von den Christen genannt wurden. So hat der gelehrte Kleriker Gerbert von Aurillac – nachmals Papst Silvester II. (999–1003) – in seiner Jugend drei Jahre lang in der katalonischen Bischofsstadt Vich und im nahe gelegenen Kloster Ripoll studiert und dabei seine Kenntnisse in Mathematik und Astronomie – vor allem im Gebrauch von astronomischen Instrumenten wie dem Astrolab und der Armillarsphäre – mit Hilfe arabischer Quellen vertieft. Die christliche Rückeroberung von Toledo durch König Alphons VI. von Kastilien 1085 schuf ein weiteres Zentrum der Beschäftigung mit der arabischen Literatur. Im Umkreis des Erzbischofs Raimund I. (1126–1151) entfaltete sich nun eine rege Übersetzertätigkeit aus dem Arabischen ins Latei-

II. Arabien und der Islam

nische, die von gelehrten Klerikern aus ganz Europa getragen wurde: Neben dem Schotten Michael Scotus und dem Engländer Robert von Chester (Robertus Ketenensis) war der Kärntner Hermann, genannt «der Dalmatiner», dort tätig; Robert hat auf Veranlassung des Abtes Petrus Venerabilis von Cluny 1143 erstmals eine lateinische Übersetzung des Koran vorgelegt. Die Eroberung von Jerusalem im ersten Kreuzzug 1099 hatte das Interesse am Islam geweckt, doch machte sich das wissenschaftliche Interesse von den missionarischen Zielen der Kirche bald unabhängig; Robert übersetzte neben dem Koran 1145 auch die *Algebra* des Chwârizmî ins Lateinische. Die antike Mathematik und Astronomie nehmen in den über das islamische Spanien dem christlichen Abendland vermittelten antiken Werken eine zentrale Stellung ein. Dazu kamen die selbständigen Werke arabisch-islamischer Gelehrter, etwa die astronomischen Tabellen des Spaniers Maslama al-Madschrîtî («der Madrider», gest. um 1007), die der Engländer Adelard von Bath 1126 ins Lateinische übersetzte. Etwa vierzehn Jahre später wurden auch die Tabellen des älteren al-Battânî (Albatenius), die auf Beobachtungen in Mesopotamien um 900 beruhten, von Plato von Tivoli übersetzt. Gerhard von Cremona übertrug die *Toledanischen Tafeln,* die auf Beobachtungen mehrerer muslimischer und jüdischer Astronomen Spaniens, darunter az-Zarqâlî (Arzachel), basierten. Noch Kopernikus hat in seinem Hauptwerk *De revolutionibus orbium coelestium* Albatenius und Arzachel zitiert, vor allem deren Korrekturen an den Beobachtungen des Ptolemäus.

Den größten Einfluss auf die abendländische Philosophie hat vielleicht der andalusische Aristoteliker Ibn Ruschd (latinisiert Averroës; 1126–1198) aus Cordoba ausgeübt, da sein umfangreiches Œuvre, ins Lateinische übersetzt, eine Welle des Aristotelismus in Westeuropa auslöste; eigentlich ist erst durch ihn Aristoteles im Abendland bekannt geworden, und mit dem lateinischen Averroismus hatte sich noch Thomas von Aquin kritisch auseinanderzusetzen.

Die arabischen Zahlen und die Null

Der oben erwähnte Gerbert von Aurillac, der nachmalige Papst Silvester II., hatte während seiner Studien in Vich und Ripoll in Katalonien – etwa während der Jahre 967 bis 991 – wohl als einer der ersten abendländischen Gelehrten Bekanntschaft mit den «arabischen» Ziffern gemacht und damit nach der Weise der Araber zu rechnen gelernt. Die Römer hatten zwar – im Unterschied zu den Griechen – ein Ziffernsystem benutzt, das sich aber für Rechenoperationen nicht eignete. Die Araber dagegen verfügten über ein sehr viel praktischeres Instrument zum Schreiben von Zahlen, das sich zudem sehr vielseitig verwenden ließ. Es besteht lediglich aus den Zeichen für die Zahlen eins bis neun und aus der Null und ist – von einigen graphischen Veränderungen der Zeichen, vor allem einer Drehung um 90 Grad, abgesehen – dasselbe, das heute weltweit unter dem Namen «arabische Ziffern» benutzt wird. Die Araber selbst nannten das Rechnen mit den Ziffern das «Rechnen der Inder» und deuteten damit an, wo sie seinen Ursprung vermuteten. Das Besondere an dem System ist die Verwendung von Dezimalstellen und der damit zusammenhängende Gebrauch eines besonderen Zeichens für die Leerstelle, die Null, die arabisch *sifr* («Leeres») heißt – daher unser Wort *Ziffer* oder das französische *zéro*. Zwar kannten schon die Sumerer und Babylonier das Stellensystem und entwickelten schließlich sogar ein Zeichen für die Null, doch kannten ihr System nur wenige Eingeweihte. Das indische System ist wahrscheinlich schon im Iran des späten Sassanidenreichs bekannt gewesen; in Indien selbst hat bereits der Astronom Aryabhata (um 476) mit neun Ziffern gearbeitet, und der Mathematiker Brahmagupta (598–665) entwickelte die Regeln für das Rechnen mit der Null. Die allgemeine Verbreitung des Systems verdanken wir dem Iraner Muhammad al-Chwârizmî (aus Chwârizm, dem Binnendelta des Oxus/Amu Darya südlich des Aralsees), der um 820 sein grundlegendes Werk über das *Rechnen der Inder* verfasste. Seine Schrift, die die Grundrechenarten und das Einrichten von Gleichungen beschreibt, hat das System in der ganzen arabischen Welt bekannt und benutzbar gemacht; sie wurde im lateinischen Westen unter dem Titel *De numero Indorum* bekannt und in einer bearbeiteten Form als *Liber Algorismi de pratica arismetrice* verbreitet. Der Name des al-Chwârizmî, zu *Algorismus* latinisiert, hat auch bei der Prägung des Begriffs Algorithmus für ein Rechenverfahren Pate gestanden. Noch bedeutsamer war al-Chwârizmîs *Abriss über das Rechnen mit Einrichten und Gegenüberstellen (al-Muchtasar fi hisâb al-gabr wal-muqâbala)*. Dabei bedeutet *al-gabr* oder *al-dschabr* – eigentlich das «Einrenken» eines ausgerenkten Knochens – das Umstellen von Ausdrücken von links nach rechts vom Gleichheitszeichen, oder umgekehrt, während mit dem «Gegenüberstellen» das gemeint ist, was wir als «Kürzen» bezeichnen. Als Robert von Chester 1145 dieses Werk unter dem lateinischen Titel *Liber algebras et almucabola* übersetzte und wenig später Gerhard von Cremona eine verbesserte Übersetzung unter dem Titel *De jebra et al-mucabola* vorlegte, war nicht nur der Weg für die Verbreitung des «Rechnens der Inder» im Abendland bereitet, sondern auch der Terminus dafür, Algebra, geschaffen.

Arabisierung und Islamisierung

Das Kalifenreich bildete den Rahmen für zwei Prozesse, die zwar eng miteinander verbunden, aber doch deutlich unterschieden sind. Die sprachliche Arabisierung und die religiöse Islamisierung gingen Hand in Hand, vollzogen sich aber in den verschiedenen Ländern unterschiedlich schnell und mit unterschiedlichem Erfolg; beide sind nie ganz abgeschlossen worden.

Das Arabische, die Sprache des Korans und damit der göttlichen Offenbarung, wurde zur Sprache der gesamten religiösen und juristischen Literatur. Unter dem Kalifen 'Abd al-Malik (685–705) wurde es zudem als ausschließliche Verwaltungssprache eingeführt, und unter den Abbasiden-Kalifen von Bagdad etablierte es sich als Wissenschaftssprache, die die Gebildeten und Gelehrten von Samarqand bis Toledo, vom Kaukasus bis zum Jemen beherrschten. Darüber hinaus brachten die arabischen Heere der Eroberungszeit ihre Sprache in die weit entfernten Garnisonen, wo es zunächst in vereinzelten Sprach-

Arabisierung und Islamisierung

inseln – etwa Alt-Kairo in Ägypten oder Kairuan im heutigen Tunesien – von der fremdsprachigen Umgebung isoliert existierte.

Auf der Arabischen Halbinsel setzte sich das Nordarabische des Hidschâz rasch gegen die altsüdarabische Sprache durch; auch der Jemen spricht heute Nordarabisch. Nur geringe Reste des Altsüdarabischen haben sich hier gehalten: das Mehri auf dem Festland und das Sokotri auf der Insel Sokotra im Indischen Ozean. Beide Sprachen bewahren die Struktur des Altsüdarabischen, wenn auch das Vokabular weitgehend vom Nordarabischen überschwemmt worden ist.

Im Fruchtbaren Halbmond verdrängte das Arabische das seit etwa 1000 v. Chr. dort heimische Aramäisch, das von allen Bevölkerungsgruppen – gleich welchen religiösen Glaubens – gesprochen wurde, besonders aber als Literatur- und Liturgiesprache der christlichen Kirchen – der syrisch-jakobitischen wie der nestorianischen im ehemaligen Perserreich – ein besonderes Beharrungsvermögen bewies. Noch heute wird Aramäisch von den Christen in bestimmten Regionen gesprochen: in Syrien in der Gegend von Ma'lûlâ nördlich von Damaskus sowie bei den «assyrischen» oder «chaldäischen» (nestorianischen) Christen im Dreiländereck Syrien–Irak–Türkei.

Der Iran dagegen hat sich der Arabisierung verschlossen. Zwar wurde auch hier das Arabische die Sprache der islamischen Literatur, der Philosophie und der Wissenschaft, doch hat sich in der Bevölkerung die dem indogermanischen Mittelpersisch fremde semitische Sprache nicht durchsetzen können. Auch wenn es im Gefolge der Eroberungen starke arabische Kolonien gab, konnte sich das (Neu-)Persische ab dem 10. Jahrhundert als nationale Literatursprache durchsetzen, zunächst in der Dichtung in Lyrik und Epos und bald auch in der weltlichen Prosa. 963 legte der Wesir al-Bal'amî eine persische Übersetzung und Bearbeitung von Tabarîs großer Weltchronik vor, und um 995 schuf Ferdousi mit dem «Königsbuch» *(Schâh-nâmeh)* das persische Nationalepos; auch Ibn Sînâ (Avicenna, 980–1037) schrieb persische wissenschaftliche Prosa und dichtete arabische wie persische Verse. An seiner nationalen Sprache und Tradition festhaltend, blieb der Iran außerhalb der arabischen Welt.

In Ägypten war der Gebrauch des Arabischen lange Zeit auf das Militärlager al-Fustât (Alt-Kairo) und einige Garnisonen wie Alexandria oder Assuan beschränkt, während auf dem Lande die alte Sprache des Pharaonenlandes in ihrer jüngsten Form, dem Koptischen (arabisch *qiftî* oder *qubtî*, d. h. ägyptisch), gesprochen wurde und als Literatur- und Liturgiesprache der koptischen Kirche weiter gepflegt wurde. Da das Arabische aber auch hier als Verwaltungssprache anstelle des Griechischen eingeführt worden und in den Behörden allein zugelassen war, setzte es sich vor allem in den gebildeten Schichten bald auch als gesprochene Sprache durch. Heute ist Ägypten ein arabisches Land; das Koptische lebt nur noch in der Liturgie der Kirche fort und wird auch von den Christen selber nicht mehr verstanden.

Mit Libyen und dem Maghrib betreten wir den Boden des lateinischen Westens des Römischen Reiches. Latein war hier die Sprache der städtischen Bevölkerung und der katholischen Kirche gewesen; große Teile der Bevölkerung, und zwar Bauern wie Nomaden, sprachen indes jene Sprachen, die man zusammenfassend als «berberisch» – d. h. eigentlich «barbarisch» – bezeichnet. Die Zahl der römischen Städte in Nordafrika war schon seit dem 3. Jahrhundert ständig geschrumpft; damit war auch die latinophone Stadtbevölkerung zurückgegangen, so dass die Araber bei ihrer Eroberung gegen Ende des 7. Jahrhunderts nur noch mäßig urbanisierte Landschaften vorfanden. Ausgangspunkt der Arabisierung waren auch hier das Militärlager aus der Eroberungszeit, al-Qairawân (Kairuan), und die kleineren städtischen Garnisonen. Zwar wurde das Militär immer wieder durch Schübe von nachrückenden Truppen ergänzt und verstärkt, doch blieb die Landbevölkerung berberisch und berberophon. Eine erste größere Einwanderung von ganzen beduinischen Clans und Stämmen fand erst ab 1050 statt, als die Regierung in Kairo Stammesabteilungen der Hilâl, Sulaim und Maʿqil, die in Oberägypten östlich des Nils nomadisierten, über den Strom verfrachtete und auf den abtrünnigen Maghrib losließ. 1052 besiegten die beduinischen Heerscharen den Emir von Kairuan am Berg Haidarân im Süden Tunesiens und überschwemmten das ganze Land «wie ein Heuschreckenschwarm», wie ein zeitgenössischer Chronist vermerkt. Damit begann ein unablässiger Einwanderungsstrom von arabischen Beduinen sich nach dem Maghrib zu ergießen, da die verschiedenen Stämme und Clans ihre Verwandten vom Sinai und der Arabischen Halbinsel nachzogen. Wie groß die Verheerungen gewesen sind, die die Beduinen im ehemals römischen *Africa*, *Numidia* und *Mauretania* anrichteten, ist in der Forschung umstritten. Die einwandernden arabischen Stämme haben weder Städte noch Straßen und Brücken zerstört; das eindeutige Ergebnis ihres Vorrückens ist allerdings die Verdrängung der berberischen Nomaden, vor allem der Zenâta-Stämme, aus den weiten Hochplateaus Algeriens, die nun Weidegebiete arabischer Nomaden wurden. Die Berber wurden auf die Gebirge zurückgedrängt, wo sie als Bauern und Halbnomaden bis heute leben. Während in Libyen und Tunesien nur noch Reste berberophoner Bevölkerung zu finden sind, machen die «Kabylen» (von arabisch *qabîla*, «Stamm») in Algerien immerhin 30 Prozent der Bevölkerung aus. Am wenigsten arabisiert wurde der äußerste Westen, das heutige Marokko, wo die Berberophonen sich vor allem in den Hochgebirgen der Atlas-Ketten und des Rif behaupten konnten und heute an die 40 Prozent der Bevölkerung stellen. Die Invasion der Beduinen hat mit ihren letzten Ausläufern auch noch das südlich angrenzende Mauretanien erreicht. Die arabischen Dialekte des Maghrib sind die der eingewanderten Beduinen.

Die Iberische Halbinsel blieb auch unter islamischer Herrschaft zunächst großenteils latinophon. Die Zuwanderer waren nur zu einem Teil Araber; einen wohl viel größeren Anteil stellten im Laufe der Jahrhunderte die Berber. Dennoch war *al-Andalus*, wie die gesamte Halbinsel mit einem vermutlich westgotischen Wort genannt wurde, ein Teil der arabischen Welt. Die südliche Hälfte der Halbinsel war dabei am stärksten von der fremden Religion, Kultur und Sprache durchdrungen, was auch durch die von Norden her fortschreitende christliche Reconquista bedingt war. Während Barcelona schon 801, Toledo 1085 und Zaragoza 1118 wieder in christliche Hand fiel, blieb Cordoba bis 1236, Sevilla bis 1248 und Granada bis 1492 islamisch. Der sprachliche Einfluss auf das Spanische (Kastilische) zeigt sich bis heute in den zahlreichen Lehnwörtern aus dem Arabischen. Während die Flüsse im Norden – Ebro, Duero/Douro und Tajo/Tejo – ihre antiken Namen bewahrt haben, sind die der südlichen Hälfte arabischer Herkunft, wie ihre Zusammensetzung mit dem Wort *al-wâdî* verrät: Guadalupe, Guadiana, Guadalete, Guadalquivir (*al-Wâdi l-kabîr*, «der große Fluss»).

Sehr viel kürzer war die Zugehörigkeit Siziliens *(Siqilliya)* zur arabischen Welt. Die von den tunesischen Aghlabiden ausgehende Eroberung der byzantinischen Insel zog sich von 827 bis 878 hin. Palermo *(Bâlarm)*, der Sitz des arabischen Emirs, erhielt den Namen *al-Madîna* («die Stadt»); Taormina wurde *al-Muʿizziyya*. Zahlreiche Ortsnamen bewahren bis heute ihren alten arabischen Namen wie Marsala *(Marsâ ʿAlî)* oder Caltabellotta (*Qalʿat al-ballût*, «Eichenburg»). Selbst der Ätna hat in seinem bei den Einheimischen üblichen Namen Mongibello seinen arabischen Namen *al-Dschebel* («der Berg») bewahrt. Sprachlich scheint die Insel weitgehend arabisiert worden zu sein; das Griechische verschwand jedenfalls gänzlich, als die Insel durch die normannische Eroberung (1060–1091) wieder christlich und nun erst vollständig latinisiert wurde.

Von der sprachlichen Arabisierung ist die religiöse Islamisierung zu trennen; obwohl beide Prozesse Hand in Hand gingen, sind sie doch deutlich unterschieden.

In Iran und im Irak ist die zarathustrische «Staatskirche» der Sassaniden mit dem Sturz des Perserreiches untergegangen; die Feuertempel wurden zerstört oder verödeten. Ursache dafür war wohl vor allem der rasche Übertritt des persischen ritterlichen Adels der Dehgane zum Islam; der fast geschlossene Wechsel der Aristokratie zu der neuen Religion zog die Bevölkerung mit. Eine Rolle hat sicher auch gespielt, dass – anders als bei den christlichen Kirchen – die priesterliche Hierarchie nicht fortbestand. Die «Magier» *(madschûs)*, wie die Araber die

Zarathustrier nannten, konnten als Monotheisten den *dhimmî*-Status in Anspruch nehmen und galten wie die Christen und Juden als «Buchbesitzer». Ein großer Teil des zarathustrischen Schrifttums ist erst in frühislamischer Zeit – vor allem unter den Abbasiden-Kalifen – kodifiziert worden. Doch all dies hat das fast völlige Verschwinden des Zarathustrismus nicht verhindert. Übrig blieben nur kleine Gemeinden, die vor allem in Zentral- und Ostiran bis heute bestehen, sowie die Minderheit der Parsen (d.h. Perser) auf dem Indischen Subkontinent.

Dagegen konnte sich die im Perserreich anerkannte nestorianische Kirche auch unter der Herrschaft der Kalifen behaupten. Ihr Oberhaupt, der Katholikos, der seinen Sitz im neugegründeten Bagdad nahm, spielte am Kalifenhof eine bedeutende Rolle als offiziell anerkanntes Haupt seiner Kirche. Die Reste der nestorianischen Kirche, die sich selbst die «assyrische» oder «chaldäische» nennt, finden sich heute vor allem im Norden des Irak und jenseits der Grenze zur Türkei und zum Iran. In Mossul am Tigris, dem Sitz eines jakobitischen Bischofs, des Maphrian, wie auch des chaldäischen (nestorianischen) Metropoliten, gibt es zahlreiche christliche Kirchen. «Schriftbesitzer» waren natürlich auch die Juden, die seit der Babylonischen Gefangenschaft (597 bzw. 586 v. Chr.) im Lande ansässig waren; hier war der babylonische Talmud entstanden. Das jüdische «Haupt des Exils» (arabisch *Ra's al-dschâlût*) oder Exilarch aus der Nachkommenschaft Davids, der in sassanidischer Zeit in Ktesiphon gesessen hatte, residierte nun in Bagdad, wo er wie der nestorianische Katholikos eine Rolle als angesehener Höfling des Kalifen spielte.

Dagegen ist die im Irak entstandene Religion des Mani (215–277) von den Muslimen verfolgt und ausgerottet worden. Die Manichäer waren als Dualisten den streng monotheistischen Muslimen suspekt; der Manichäismus ist den schweren Verfolgungen durch die Abbasidenkalifen während der Jahre 780–795 erlegen. Der Sitz ihres Oberhauptes – ursprünglich in Babylon – lag am Ende des 10. Jahrhunderts in Samarqand, wohin zahlreiche Manichäer ausgewandert waren. In Zentralasien sind die Manichäer noch bis ins 14. Jahrhundert nachweisbar; dann verliert sich ihre Spur. Ein ähnliches Schicksal erlitten die im Irak sehr zahlreichen gnostischen Sekten und Zirkel, die meist mit den Manichäern in einen Topf geworfen wurden. Von ihnen hat bis heute nur die kleine Täufersekte der Mandäer in den Sumpfgebieten des Südirak überdauert.

Als ehemalige Provinzen des römisch-byzantinischen Reiches waren Syrien, der Libanon, Palästina und das Transjordanland – von den Arabern immer als ein einziges Land, *asch-Schâm*, aufgefasst – christliche Länder mit einer jüdischen und samaritanischen Minderheit. Sie blieben es auch unter der Herrschaft der muslimischen Araber noch für lange Zeit, und bis heute haben sich sowohl die monophysitische syrische («jakobitische») als auch die griechisch-orthodoxe («melkitische») Kirche mit ihren Patriarchen, Metropoliten und Bischöfen, mit zahlreichen Kirchen und Klöstern, gehalten. Die Grabeskirche in Jerusalem war – bis auf eine kurze Unterbrechung 1009–1020 unter dem Fatimidenkalifen al-Hâkim – immer in christlicher Hand. Die maronitische Kirche des Libanon – benannt nach dem syrischen Asketen Maron (um 400) – hat sich sogar erst unter islamischer Herrschaft im 8. Jahrhundert verselbständigt; die mit Rom unierten Maroniten sind heute die größte christliche Gruppe im Libanon mit einem eigenen Patriarchen.

In Ägypten hat die arabisch-islamische Eroberung der Vorherrschaft der griechisch-orthodoxen (melkitischen) Kirche ein Ende gemacht und damit die einheimische monophysitische koptische (d. h. ägyptische) Kirche aus schwerer Bedrängnis befreit. Die koptischen Patriarchen von Alexandria waren fortan die Oberhäupter der Christen nicht nur von Ägypten, sondern auch von Nubien, dem Sudan und Äthiopien (Abessinien); die neue arabische Metropole al-Fustât (Alt-Kairo) wurde Sitz eines Bischofs. Wahrscheinlich bis ins 14. oder 15. Jahrhundert blieb die Bevölkerung Ägyptens überwiegend christlich. Ein stetiger Zustrom von Muslimen – Soldaten, Beamten, Beduinen – sowie die Attraktivität des Islam als die herrschende Religion und die Religion der Herrschenden, zuzeiten auch gelinder Druck von oben, vor allem auf die koptischen Beamten, die jahrhundertelang die Steuerverwaltung dominierten, ließen die Waage dann zu einem nicht genau bestimmbaren Zeitpunkt kippen. Heute wird der koptische Anteil an der Bevölkerung Ägyptens auf ca. 10 Prozent geschätzt.

Im Unterschied zu Ägypten und dem Vorderen Orient ist das Christentum im Maghrib zusammen mit der lateinischen Sprache gänzlich verschwunden. Die geringere Resistenz der römisch-katholischen Kirche hängt vielleicht mit dem Schrumpfungsprozess der römischen Städte seit der Spätantike zusammen. So ist im heutigen Algerien die Stadt Thamugadis (Timgad) schon 485 von Berbern zerstört worden; der letzte Bischof von Sitifis (Sétif) wird 525 erwähnt, der letzte von Cuicul 553 – all dies geschah lange Zeit vor der islamischen Eroberung. Diese hat also lediglich einen Prozess fortgesetzt – und vielleicht beschleunigt –, der schon seit Jahrhunderten im Gang war. Am Ende des 10. Jahrhunderts sind im Maghrib noch 47 Bistümer bezeugt, davon 14 im Süden des heutigen Tunesien, doch im Jahre 1095 beklagt sich Papst Leo IX. in einem Brief an den Bischof von Karthago, dass es «in ganz Africa» nur noch fünf besetzte Bistümer gebe. Bald darauf muss die katholische Kirchenorganisation ganz erloschen sein, wenn auch König Ludwig der Heilige von Frankreich auf seinem Kreuzzug 1270 noch ein paar Christen in Karthago antraf.

Al-Andalus – die Iberische Halbinsel – stellt insofern einen Sonderfall dar, als die christliche Rückeroberung, die *Reconquista*, hier gleich nach der islamischen Eroberung einsetzte und dazu führte, dass der islamische Herrschaftsbereich auf der Halbinsel allmählich nach Süden gedrängt und im 13. Jahrhundert auf das heutige Andalusien beschränkt wurde. Die Situation der nichtmuslimischen Minderheiten war hier nicht anders als in Nordafrika und im Vorderen Orient: Der Islam war die herrschende Religion. Christen und Juden genossen den Status von Schutzbürgern *(dhimmî)*. Dass es hier eine im Vergleich zum Orient besonders tolerante oder liberale Atmosphäre gegeben hätte, wird man nicht feststellen können; der von heutigen Autoren gelegentlich beschworene «Alhambra-Islam» ist wohl eher eine freundliche Utopie als historische Wirklichkeit. Aber es ging den Minderheiten auch nicht schlechter als anderswo; jüdische und christliche Wesire und hohe Beamte gab es auch hier, vom Wirken der nichtmuslimischen Gelehrten ganz zu schweigen.

Die Reconquista hat in den nun wieder unter christliche Herrschaft gekommenen Gebieten Spaniens und Portugals unterschiedliche Folgen gehabt. Im östlichen Königreich Aragon hat der Adel seine neuen muslimischen Untertanen lange Zeit geschont, wohl wissend, welche wirtschaftlichen Folgen deren Vertreibung oder Vernichtung haben würde. Dagegen hat sich in Kastilien der Einfluss der Kirche und der Ritterorden, die hier die wichtigsten Träger der Eroberungsbewegung waren, durchgesetzt und eine Politik der vollständigen Rechristianisierung durch Zwangstaufe oder Vertreibung betrieben. Mit der Eroberung von Granada 1492 durch die Katholischen Könige Ferdinand und Isabella setzte sich diese Politik unter dem Einfluss des Kardinals Cisneros in ganz Spanien durch. Die Aufstände der zwangsgetauften, aber heimlich dem Islam treu gebliebenen Araber und Berber Andalusiens führten schließlich zu den Dekreten von 1609–1614, durch die König Philipp III. die «Moriscos» gänzlich von der Halbinsel vertrieb; mit ihnen – fast 300000 Menschen – verschwanden der Islam und das Arabische gänzlich von der Iberischen Halbinsel – neben Sizilien der bedeutendste Verlust, den die arabische Welt hinnehmen musste.

Die Mamluken

Eine der folgenreichsten Neuerungen der islamischen Welt in militärischer, sozialer und politischer Hinsicht vollzog sich im 9. Jahrhundert im Bagdad der Abbasiden: die Entstehung der Militärkaste der Mamluken.

Das arabische Wort *mamlûk* ist ein Partizip Passiv des Verbs «besitzen»; der Mamluk ist also jemand, der einem anderen zu eigen gehört, ein Sklave. Das Wort wurde zum Begriff für einen ganz neuen Soldatentyp, der ein Spezifikum der islamischen Welt ist und dort fast überall bis weit in die Neuzeit hinein bestimmend blieb; noch Bonaparte traf bei seiner Landung in Ägypten 1798 auf eine Mamlukenarmee.

Es war der Kalif al-Muʿtasim (833–842), ein Sohn des Hârûn ar-Raschîd, der schon als Prinz um das Jahr 815 als Erster junge türkische Sklaven aus Zentralasien einkaufte, um sie militärisch auszubilden und als Soldaten seiner Garde zu verwenden. Im Jahr 832 verfügte er bereits über eine Kerntruppe aus Sklavensoldaten von 4000 Mann, und nach seiner Thronbesteigung setzte er diese Käufe in großem Stil fort. Die Sklaven stammten von den nomadisierenden Turkvölkern Zentralasiens, also aus dem heutigen Usbekistan, Turkmenistan und Kasachstan, und kamen vor allem in Samarqand auf den Markt, wo Agenten des Kalifen sie aufkauften. Die jungen Männer, ihren Familien und ihrer Heimat entfremdet, waren nur mehr ihrem Eigentümer persönlich loyal ergeben, hatten also keine Stammesbindungen wie die arabischen Krieger, die bisher die Heere des Islam gestellt hatten. Allerdings erwies sich die neue Truppe in der Großstadt Bagdad als so hinderlich und für die Bürger lästig, dass der Kalif sich 836 entschloss, etwa 120 Kilometer nordwestlich von Bagdad am Tigris eine neue Residenz, Sâmarrâ, für sich und seine neue Truppe zu gründen. Auch seine sieben nächsten Nachfolger residierten hier und vergrößerten die Türkenarmee und die Stadt, deren Ruinen sich heute fast 50 Kilometer am Tigrisufer entlang ziehen – eine der größten Ruinenstätten der Welt.

Die neue Armee entwickelte indes schon bald eine eigene Dynamik. Die als Sklaven importierten Soldaten wurden nach einer gewissen Zeit freigelassen und konnten dann in Offiziers- und Generalsränge aufsteigen und in Hofämtern oder als Provinzgouverneure verwendet werden. Schon al-Muʿtasim hatte dafür gesorgt, dass sie mit türkischen Sklavinnen als Ehefrauen ausgestattet wurden, so dass die Truppe sich nicht nur durch Zukauf, sondern auch durch natürlichen Zuwachs ständig vergrößerte; sie muss schließlich in Samarra selbst an die 20000 Mann stark gewesen sein.

Die Kehrseite des Systems zeigte sich bald wie bei allen Prätorianergarden: Die Freigelassenen der ersten Generation, zu hohen Ämtern und Würden gelangt, begannen sich als Königsmacher aufzuspielen und die Kalifen nach Belieben ein- und abzusetzen, gelegentlich auch zu ermorden. Das Abbasidenkalifat drohte in Anarchie zu versinken. 892 entschloss sich der Kalif al-Muʿ-tamid daher, den Hof wieder nach Bagdad zurückzuverlegen.

Der neue Militärtyp aber blieb als der nun vorherrschende bestehen, wenn er auch nie ausschließlich verwendet wurde; stets gab es daneben auch Einheiten freier Söldner aus aller Herren Länder – Kurden, iranische Dailamiten vom Südufer des Kaspischen Meeres, Berber oder arabische Beduinen als leichte Hilfstruppen. Aber der Typus des Mamluken beherrschte nicht nur die militärische Szene, sondern bald auch die politische, nicht nur in Samarra und Bagdad, sondern auch in Syrien und Ägypten. Aus den Königsmachern wurden bald Könige: In mehreren Ländern wie etwa Afghanistan und Indien kamen ehemalige Sklaven und deren Nachkommen an die Macht und begründeten Mamlukensultanate; das bedeutendste davon war das ägyptische, von dem noch die Rede sein wird. In Spanien und Nordafrika waren die Kriegssklaven nicht türkischer, sondern osteuropäischer Herkunft und wurden pauschal als «Slawen» *(saqâliba,* Sing. *saqlabî)* bezeichnet; ihre Einfuhr erfolgte vor allem über die Adria.

Das Phänomen des Mamlukentums ist vor allem deshalb bedeutsam, weil es die arabische Welt für Jahrhunderte mit militärischen und politischen Eliten versorgte, die nichtarabischer Herkunft waren und auch, wenn sie das Arabische als Sprache übernahmen, sich ihres fremden Volkstums bewusst blieben. In dem Jahrtausend bis zu unserer Gegenwart sind Herrscherhäuser in der arabischen Welt, die arabischer Herkunft waren, eher die Ausnahme als die Regel gewesen.

III. Die arabische Welt vom 10. bis 15. Jahrhundert

Das Jahr 909 markiert insofern eine Epoche in der Geschichte des Islam, als sich damals im tunesischen Kairuan zum ersten Mal ein Gegenkalifat dauerhaft etablieren konnte, das als Rivale und Herausforderer der Abbasidenkalifen in Bagdad auftrat. Von berberischen Anhängern aus dem heutigen Algerien militärisch getragen, gelangte die Familie der Fatimiden, die ihre Abkunft – wenn auch nicht unumstritten – auf Mohammeds Tochter Fâtima und den Kalifen ʿAlî zurückführte, an die Macht. 910 trat ʿAbdallâh al-Mahdî, der bis dahin im Untergrund für sich geworben hatte, offen in Kairuan auf und nahm den Kalifentitel an. Sein Kalifat (909–934) ist das erste einer äußerst erfolgreichen Dynastie, die nicht nur den religiös-politischen Anspruch der Bagdader Abbasiden, die Erben des Propheten zu sein, in Frage stellte, sondern mit ihrem Islam schiitisch-ismailitischer Prägung auch eine religiöse Alternative zum herrschenden Sunnitentum bot. 929 nahm auch der umayyadische Emir von Cordoba, ʿAbd ar-Rahmân III. (912–961), den Kalifentitel an, so dass sich nun drei «Nachfolger» – zwei sunnitische und ein schiitischer, und jeder exklusiv – das Erbe des Propheten streitig machten. Der Zerfall des Kalifenreiches, *de facto* längst im Gange, wurde damit auch offiziell besiegelt.

Der Irak

Das Zweistromland des Euphrat *(al-Furât)* und des Tigris *(Didschla)* bestand für die Araber aus zwei Landschaften: dem eigentlichen *al-ʿIrâq* – der Name bedeutet vermutlich «Tiefland, Niederland» – im Südosten und *al-Dschazîra*, der «Insel», im Nordwesten zwischen dem Mittellauf der Ströme. Im Irak lagen die von den Arabern gegründeten Militärlager al-Basra und al-Kûfa und die Kalifenstadt Bagdad. Neben ihnen verlor die alte Königsstadt der Parther und Perser, Seleukeia-Ktesiphon (arabisch *al-Madâʾin*, «die Städte»), nach der Gründung Bagdads immer mehr an Bedeutung; Babylon war schon vor der islamischen Eroberung als Stadt verschwunden. Die Metropole des Nordens war Mossul *(al-Mausil)* am Tigris, gegenüber den Ruinen des alten Ninive.

Als Sitz des abbasidischen Kalifats blieb die Millionenstadt Bagdad lange Zeit der Mittelpunkt der islamischen Welt. Allerdings verloren die Kalifen nach den Wirren in Samarra und

60   III. Die arabische Welt vom 10. bis 15. Jahrhundert

nach der Entstehung der westlichen Kalifate politisch immer
mehr an Bedeutung. Das Kalifat der Abbasiden von Bagdad
bestand zwar in ununterbrochener Reihe bis zur Mongolen-
invasion 1258 fort, doch haben nur einzelne Vertreter der
Dynastie wirklich selber regiert, und dann nur als eine Art iraki-
scher Territorialfürsten. Das eigentliche Schicksal des Bagdader
Kalifats bestand darin, dass es immer wieder unter die Vor-
mundschaft militärischer «Schutzherren» geriet, die die politische Gewalt usurpierten und – ausgestattet mit einer formellen
Legitimation durch den Kalifen – für diesen die tatsächliche
Macht ausübten. Dabei lag der Schwerpunkt der Herrschaft
meist im Iran; der Irak war oft nicht viel mehr als eine iranische
Westprovinz.

Die ersten Schutzherren dieser Art waren die Buyiden
(932–1055), eine verzweigte Familie iranischer Condottieri, die
in Westiran eine Reihe von Herrschaften gründeten (Schiraz,
Isfahan, Hamadan, Kerman) und 934 auch die Macht in Bagdad
an sich rissen. Für 110 Jahre übten sie nun die Schutzherrschaft
über den Kalifen aus, formal als Oberbefehlshaber *(amîr al-
umarâ)* des Heeres, tatsächlich souverän. Sie scheuten sich sogar
nicht, den ganz unislamischen alten persischen Titel des Großkönigs *(schâhân-schâh,* «der Könige König») zu führen. Während der Kalif immer Sunnit war, waren die Buyiden Schiiten und
förderten die Anhänger dieses Bekenntnisses nach Kräften. Unter ihrer Ägide entstand ein großer Teil des religiösen Schrifttums
der Schiiten, und die Begräbnisstätten ihrer Imame, seit jeher
Wallfahrtsstätten der Schiiten, wurden als prächtige Schreine
ausgebaut und mit reichen Stiftungen bedacht: das Grab ʿAlîs in
an-Nadschaf bei Kufa, das Grab des 3. Imams, des Prophetenenkels al-Husain bei Kerbelâ, das Doppelgrab des 7. und 9. Imams
in al-Kâdhimiyya im Norden von Bagdad sowie in Samarra die
Gräber des 10. und 11. Imams und die Stätte, an der der Zwölfte
Imam in die «Verborgenheit» verschwunden sein soll, aus der
er bis heute zurückerwartet wird.

Die Buyiden wurden abgelöst von den Seldschuken, einer türkischen Dynastie, die als Anführerin eines wandernden Stam-
mesverbandes türkischer Nomaden aus Zentralasien in Iran ein-

gefallen war. 1038 ließ sich der Häuptling Toghril Beg in Ostiran zum Sultan ausrufen; das Wort *sultân*, das eigentlich «Herrschaft» bedeutet, wurde nun zum Titel. Als Beschützer des Sunnitentums ließ er sich vom Bagdader Kalifen anerkennen und erschien 1055 selbst mit seinen Scharen in Bagdad, um diese Anerkennung bestätigen zu lassen. Die Hauptstadt des «großseldschukischen» Reiches wurde allerdings Isfahan in Iran, während Bagdad dem machtlosen Kalifen überlassen blieb.

Mit den Seldschuken traten die Türken oder Turkmenen erstmals nicht mehr nur als importierte Militärsklaven, sondern als größere Stammesverbände in der islamischen Welt in Erscheinung; ein ständiger Strom von über Nordiran nach Westen einsickernden Turkstämmen setzte nun ein. 1071 gelang den Türken, was die Araber nie geschafft hatten: Nach einem Sieg über den byzantinischen Kaiser Romanos IV. Diogenes bei Mantzikert (heute Malazgird nördlich des Van-Sees) überrannten die Seldschuken das bis dahin christlich-griechische Kleinasien.

Bagdad verlor unter den Seldschuken zwar seine politische Bedeutung, blieb aber ein kulturelles Zentrum von großer Anziehungskraft und Ausstrahlung, besonders seit der Seldschuken-Wesir Nizâm al-Mulk (1065–1092), ein Iraner, dort eine Madrasa, eine juristisch-theologische Hochschule nach iranischem Vorbild, gegründet hatte, als deren ersten Professor er den berühmten sunnitischen Theologen und Mystiker al-Ghazzâlî (1058–1111) berief. Eine große Zahl ähnlicher Institute entstand alsbald in Bagdad; die von dem Kalifen al-Mustansir im Jahre 1233 gegründete Mustansiriyya ist heute das am besten erhaltene Monument Bagdads aus vormongolischer Zeit. Ein großartiges Zeugnis des intellektuellen Lebens der Kalifenstadt in dieser Zeit ist das Werk des sunnitischen Juristen und Predigers al-Chatîb al-Baghdâdî (1002–1071), dessen «Chronik von Bagdad» *(Târîch Baghdâd)* – in Wirklichkeit ein Gelehrten-Lexikon – in vierzehn Bänden nicht weniger als 7831 Persönlichkeiten vorstellt, die im geistigen Leben Bagdads eine Rolle gespielt haben.

Auch nach dem allmählichen Zerfall des Seldschukenreiches blieb Bagdad Spielball meist östlicher Machthaber, wenn auch nun einzelne Kalifen wie an-Nâsir (1180–1225) zeitweilig Spielraum für eine eigene, regional begrenzte Machtentfaltung fanden. Doch der Mongoleneinfall machte dem allen ein Ende. Hülägü, ein Enkel Dschingiz Khans und Bruder des mongolischen Großkhans Möngke, erhielt 1235 den Auftrag, das Kalifenreich zu unterwerfen, und als der Kalif al-Musta'sim (1242–1258) seiner förmlichen Aufforderung zur Heeresfolge nicht nachkam, fielen die Mongolen, nachdem sie vom Oxus (Amu Darya) her Iran überrannt hatten, im Irak ein. Im Januar 1258 erschienen die Mongolen vor Bagdad; vergeblich versuchten der Kalif, sein Wesir und der Katholikos der Nestorianer – Hülägüs Mutter war Christin – zu verhandeln. Am 10. Februar drangen die Mongolen in die Stadt ein und begannen zu brennen, morden und plündern; der Kalif und zahlreiche seiner Würdenträger und Familienangehörigen wurden erdrosselt; das Kalifat, die Nachfolge des Propheten Mohammed, fand damit ein Ende. Der Katholikos wurde ebenso geschont wie zahlreiche Moscheen und Madrasas, doch hat die Stadt sich bis ins 19. Jahrhundert von diesem Schlag nicht wieder erholt. Der Irak wurde Teil des Mongolenreiches, dessen Teilherrscher in Iran, die Il-Khane und ihre Nachfolger, zwar bald den Islam annahmen, aber wieder in Iran residierten und sich der iranisch-islamischen Kultur öffneten, im Irak aber immer als Fremdherrscher angesehen wurden.

Syrien/Palästina

Nach arabischem Verständnis bildeten die Gebiete des heutigen Syrien, des Libanon, Jordaniens, Israels und Palästinas eine Einheit, die sie *Bilâd asch-Schâm*, Land zur Linken oder Land des Nordens, nannten – im Gegensatz zum Jemen, dem Land zur Rechten oder des Süden. Politisch aber hat das durch seine Gebirge kleinteilig kantonierte Gebiet nie eine Einheit gebildet, auch nicht unter dem Islam. Als im 9. Jahrhundert die Regionalisierung der Herrschaft einsetzte, wurde der südliche Teil – Palästina, das Transjordanland und Südsyrien einschließlich Damaskus – von den jeweils in Ägypten herrschenden Emiren an das Nilland gebunden, während der Norden Syriens mit der nun aufstrebenden Metropole Aleppo (arabisch *Halab*) ein eigenes Emirat unter Dynastien beduinischer Herkunft bildete: die Hamdaniden 945–1004 und die Mirdasiden 1023–1079. Dabei war das islamische Emirat von Aleppo meistens dem christlichen Kaiser von Byzanz tributpflichtig oder wurde zeitweilig als byzantinisch-ägyptisches Kondominium gemeinsam gelenkt, so dass es als Pufferstaat zwischen der christlichen und der islamischen Welt fungieren konnte. Der kennzeichnende Zug der politischen Geschichte in dieser Zeit war der Druck, den drei große arabische Beduinenverbände auf das westliche Horn des Fruchtbaren Halbmondes ausübten: Vom Ostjordanland drängten die Tayyi über den Jordan nach Palästina, wo sie Weidegründe, Beute und auch die Anerkennung ihrer Scheichs als Provinzgouverneure suchten; im Zentrum bedrängten die Kalb der Palmyrene die Oase von Damaskus, und im Norden drückten die Kilâb auf Aleppo, das sie schließlich auch in Gestalt der Mirdasiden-Emire beherrschten.

Die Zweiteilung der Region schien sich zu verfestigen, als die türkischen Seldschuken vom Irak her 1071 in Kleinasien einfielen und ihre Macht auch auf Nordsyrien ausdehnten, während der Süden unter der Herrschaft der Fatimiden von Kairo blieb. Da brach mit dem ersten Kreuzzug ein völlig unvorhergesehenes Ereignis über die Region herein. Im Juni 1098 eroberten die Kreuzfahrer das seldschukische Antiocheia (Antakya) und am 15. Juli 1099 das fatimidische Jerusalem, wo sie unter der muslimischen Bevölkerung ein furchtbares Gemetzel anrichteten. Vier westliche, römisch-katholische Herrschaften entstanden nun: die Grafschaft Edessa mit dem Schwerpunkt östlich des Euphrat, das normannische Fürstentum Antiocheia, die Grafschaft Tripolis der Grafen von Toulouse am Fuß des Libanon und – als bedeutendste – das Königreich Jerusalem mit seinen wechselnden lothringisch-französischen Königshäusern.

Die fast hundertjährige Fremdherrschaft der «Franken» *(al-Frandsch)* stieß auf keinen geschlossenen Widerstand von muslimischer Seite. Der aus Mossul stammende Historiker Ibn al-Athîr (1160–1233) hat in seiner Weltchronik die Uneinigkeit

64   III. Die arabische Welt vom 10. bis 15. Jahrhundert

der Muslime bitter beklagt. Tatsächlich waren weder die ägyptischen Fatimidenkalifen noch die Bagdader Kalifen und ihre seldschukischen Schutzherren in der Lage, die Verwandlung Palästinas, des Libanon und großer Teile Syriens in christliche Feudalherrschaften zu verhindern.

Der Widerstand organisierte sich erst, als der Emir von Mossul, Zengi (1127–1146), der Sohn eines türkischen Mamluken, 1144 mit der Eroberung von Edessa den ersten der vier Kreuzfahrerstaaten beseitigte. Sein Sohn und Nachfolger Nûr ad-Dîn («Licht der Religion», 1146–1174), der Aleppo zu seiner Residenz machte, setzte die Kämpfe gegen die Kreuzfahrer erfolgreich fort. 1154 konnte er ohne einen Schwertstreich Damaskus, wo ein seldschukischer Emir gebot, besetzen. Danach versuchte er – in Rivalität mit König Amalrich von Jerusalem – Ägypten unter seine militärische Kontrolle zu bringen. Als dies gelang, wurde das Ende der Kreuzfahrerherrschaft eingeläutet: Der in Nûr ad-Dîns Diensten stehende kurdische Heerführer Yûsuf ibn Ayyûb mit dem Beinamen Salâh ad-dîn, («Richtigkeit der Religion», lateinisch *Saladinus*) konnte 1171 mit Hilfe der syrischen Armee in Kairo die Macht an sich reißen und dem Kalifat der Fatimiden ein Ende machen. Als Nûr ad-Dîn 1174 starb, erklärte sich Saladin von Aleppo unabhängig und begann nun, von Ägypten aus seine Macht auf das Transjordanland, Syrien und das nördliche Mesopotamien sowie auf Mekka und Medina und den Jemen auszudehnen. In Briefen nach Bagdad rechtfertigte Saladin sein Vorgehen gegen die dortigen muslimischen Machthaber mit der Notwendigkeit, die Muslime zum gerechten Kampf *(dschihâd)* gegen die Ungläubigen zu einen. Vom Kalifen erhielt er dafür ein Investiturdiplom für Ägypten und Nubien, Arabien, Palästina/Syrien und den ganzen Maghrib, das seine gewaltsamen Erwerbungen legitimierte. Seit 1177 führte der neue Sultan den Titel «Wiederbeleber der Herrschaft des Befehlshabers der Gläubigen» (d. h. des Bagdader Kalifen). Die verbliebenen drei Kreuzfahrerstaaten waren damit erstmals von einem geeinigten islamischen Reich umklammert, von dem sie alsbald erdrückt wurden: Bei Hattîn in der Nähe des Sees von Genezareth unterlagen die Kreuzfahrer unter König Guy de Lusignan am 4. Juli 1187 dem Heer Saladins, der nun in wenigen Monaten fast ganz Palästina erobern konnte; am 2. Oktober kapitulierte Jerusalem. Syrien/Palästina war von nun an mit Ägypten politisch vereinigt.

Ägypten

Das Nilland war seit der arabisch-islamischen Eroberung in den Jahren 641/42 eine Provinz des Kalifenreiches gewesen; seine Emire residierten in dem arabischen Heerlager al-Fustât (oder Fustât Misr) im Süden des späteren Kairo. Zweimal war das Land für kurze Zeit von erblichen Gouverneursdynastien im Namen des Bagdader Kalifen regiert worden: Der aus Samarra stammende Türke Ahmad ibn Tulun (868–884) hatte die erste Gouverneursdynastie der Tuluniden (bis 905) gegründet; an ihn erinnert noch die Ibn-Tulun-Moschee, die er bei seinem Palastkomplex hatte errichten lassen. Von 935 bis 969 wurde Ägypten von den Ichschididen regiert, deren Erster, Muhammad al-Ichschîd, ebenfalls ein türkischer General gewesen war.

Zum Mittelpunkt eines tatsächlich unabhängigen Reiches wurde Ägypten allerdings erst 969, als sich die Notabeln von al-Fustât nach einer Reihe von Missernten, Seuchen und anderen Katastrophen entschlossen, die Herrschaft über das Nilland dem schiitisch-fatimidischen Kalifen von Nordafrika, dem vierten Fatimiden al-Mu'izz (953–975), anzutragen. Der entsandte ein aus Berbern und «Slawen» (s. o. S. 58) bestehendes Heer unter dem Freigelassenen Dschauhar, das 969 in Ägypten einzog und sogleich mit dem Bau einer neuen Hauptstadt nördlich von al-Fustât begann, in die der Kalif, aus Tunesien kommend, im Juni 973 seinen Einzug hielt. Die neue Palaststadt erhielt den Namen «Die Siegreiche des Mu'izz» *(al-Qâhira al-Mu'izziyya)*. Unter der Herrschaft der ägyptischen Fatimiden (969–1171) wurde Kairo mit seiner neuen Freitagsmoschee, der Azhar (die Strahlende), zu einer der großen Metropolen der arabischen Welt, die an Größe und Bedeutung bald mit Bagdad zu rivalisieren begann. Der Sturz der Abbasiden-Kalifen von Bagdad war und blieb das erklärte Ziel der schiitischen Kairiner Gegen-

66   III. Die arabische Welt vom 10. bis 15. Jahrhundert

kalifen. Die muslimische Bevölkerung Ägyptens – gegenüber der koptischen noch immer eine Minderheit – blieb allerdings auch unter der schiitischen Dynastie sunnitisch.

Den ägyptischen Fatimiden fiel die Herrschaft über die heiligen Stätten Mekka und Medina und damit der Schutz der alljährlichen Pilgerfahrt *(haddsch)* wie von selbst zu. Die Herrschaft über Palästina/Syrien musste dagegen hart erkämpft werden und konnte vor allem in Aleppo nur zeitweilig behauptet werden. Für einen kurzen Moment nur – für das ganze Jahr 1059 – wurde dank einem rebellischen türkischen General sogar in Bagdad das Freitagsgebet für den Kalifen von Kairo gehalten, ehe die Seldschuken die Stadt wieder besetzten; die Einheit des Kalifats ließ sich unter schiitischem Vorzeichen nicht wiederherstellen. Im Westen gebot Kairo wenigstens nominell über das heutige Libyen und Tunesien und große Teile Algeriens, wo die berberischen Ziriden als eine Art Vizekönige den Maghrib für Kairo regierten, sowie über Sizilien, dessen Emire sich regelmäßig von Kairo bestätigen ließen. Dank der Kontrolle über das Rote Meer und den Jemen wurde Ägypten zur Drehscheibe des damaligen Welthandels zwischen dem Indischen Ozean und dem Mittelmeer. Ungeheure Reichtümer flossen in das Land, auch dank seiner überschüssigen Agrarerzeugnisse, einer hochwertigen Textilproduktion und dem Export des auch in Europa als Gerbstoff begehrten Minerals Alaun, das als Staatsmonopol abgebaut wurde. Unter den Fatimiden begann das Engagement der italienischen Seehandelsstädte in der Levante – zuerst von Amalfi und Pisa, später von Venedig und Genua –, das während der Kreuzzüge seinen Höhepunkt erreichen sollte.

Der Verlust des Maghrib, wo sich die Ziriden 1044 selbständig machten, wog demgegenüber nicht allzu schwer. Zwar geriet das Fatimidenreich im Zeitalter der Kreuzzüge in eine schwere innere Krise; es verlor nicht nur seine syrisch-palästinischen Provinzen, sondern wurde auch mehrfach von Heeren des Königs von Jerusalem besetzt, so dass es zeitweilig zu einem Protektorat der Kreuzfahrer wurde, doch der Sturz der Fatimiden und die Wiederherstellung der sunnitischen Orthodoxie durch Saladin 1171 und die anschließende Vereinigung

Ägypten

von Kairo, Damaskus und Aleppo in dessen Hand waren die
Voraussetzung für eine erneute, noch größere Machtentfaltung
Ägyptens.

Saladins Sieg über die Kreuzfahrer bei Hattîn 1187 brachte
fast ganz Palästina mit Jerusalem und die syrische Küste wieder
unter muslimische Herrschaft. Zwar konnten die Franken unter
den Königen Richard Löwenherz von England und Philipp II.
August von Frankreich 1191 Akkon zurückerobern, und der
Stauferkaiser Friedrich II. gewann sogar durch einen Vertrag
mit dem ägyptischen Sultan 1229 Jerusalem kampflos zurück,
so dass nur der Tempelberg mit dem Felsendom und der Aqsâ-
Moschee in der Hand der Muslime blieb. Doch dieses Zwi-
schenspiel endete schon 1240.

Die Herrschaft der Dynastie Saladins, der Ayyubiden (nach
Saladins Vater Ayyûb = Hiob) war ein dynastischer Herrschafts-
verband: Alle Prinzen der ursprünglich kurdischen Familie
wurden mit Provinzen ausgestattet und regierten so in stets
wechselnden Konstellationen vom Jemen bis nach Nordmeso-
potamien; Kairo und Damaskus blieben die Zentren der Herrschaft.

Der Sultan as-Sâlih Ayyûb (1240–1249), ein Großneffe Saladins, verstärkte die Mamlukentruppen in Kairo durch umfangreiche Käufe von türkischen Kriegssklaven und schuf das
Bahrî-(Fluss-)Regiment, das nach seinen Kasernen auf der Nil-
insel Rôda so hieß. Diese Elitetruppe ergriff die Gelegenheit
des Kreuzzuges König Ludwigs IX. des Heiligen von Frankreich
gegen Kairo im Jahre 1249, um die Dynastie zu entthronen.
Einer der Mamlukenoffiziere, der Türke Aibak («Herr Mond»),
ließ sich 1250 zum Sultan ausrufen und begründete die Herrschaft der Mamluken über Ägypten, Palästina/Syrien und die
Heiligen Stätten, die bis 1517 dauern sollte. Den türkischen
Mamluken gelangen mehrere spektakuläre Erfolge, die die
Legitimation ihrer usurpierten Herrschaft und ihren Ruf als
Vorkämpfer des sunnitischen Islam sicherten. Am 3. September
1260 besiegten sie bei der «Goliathsquelle» (*'Ain Dschâlût*) in
der Nähe von Nazareth die Mongolen, deren Vorhut schon bis
Gaza vorgedrungen war. Der bedeutende Mamlukensultan

68   III. Die arabische Welt vom 10. bis 15. Jahrhundert

Baibars (1260–1277) erhob im Jahre 1261 einen vor den Mongolen geflüchteten Abbasidenprinzen in Kairo zum «Kalifen», der aber – wie seine Nachfolger bis 1517 – keinerlei wirkliche Macht besaß und nur den jeweiligen Mamlukensultan «einsetzen» musste. Derselbe Baibars, der Saladins Werk vollenden wollte, konnte auch die Burgen der ismailitischen Assassinen-Sekte, die sich im syrischen Grenzgebiet zwischen Kreuzfahrern und Muslimen hatte einnisten können, erobern und das geschrumpfte Territorium der Kreuzfahrer in fast alljährlichen Feldzügen immer weiter reduzieren. Er eroberte Caesarea, Askalon, Jaffa, Haifa und Antiocheia zurück. Unter Sultan Qalawûn fiel 1289 Tripolis am Libanon, und im Mai 1291 gelang dessen Sohn al-Aschraf Chalîl die Einnahme von Akkon, dem letzten Stützpunkt der Kreuzfahrer an der Levanteküste.

Die Herrschaft der Mamluken von Kairo (1250–1517) war eines der merkwürdigsten – und erfolgreichsten – Staatsgebilde der arabischen Welt. Die mamlukische Militäraristokratie war, wie der Jerusalemer Historiker David Ayalon geurteilt hat, eine «Ein-Generations-Aristokratie»: Nur die selbst importierten Mamluken – zunächst türkischer, seit dem 14. Jahrhundert tscherkessischer Herkunft – konnten in der Militärhierarchie aufsteigen und es schließlich bis zum Sultan bringen. Ihre Kinder waren – in der Regel wenigstens – gezwungen, zivile Berufe zu ergreifen. Nicht wenige von ihnen sind unter den Gelehrten zu finden, denen wir die überreiche Literatur religiösen und weltlichen Inhalts des Mamlukenzeitalters verdanken. Trotz der nichtarabischen Herkunft dieser Elite blieb jedoch Ägypten ein arabisches Land, in dem seit der Mamlukenzeit wohl erstmals die Muslime die Mehrheit der Bevölkerung stellten. Die Mamlukenzeit hat das Stadtbild von Kairo bis heute geprägt. Zwar wurde die Zitadelle unter Saladin angelegt, doch geht der größte Teil der zahlreichen Moscheebauten, Madrasas und Mausoleen auf Stiftungen von Mamlukensultanen und -offizieren zurück. Auch nach der Eroberung Ägyptens durch die Osmanen blieb die Militäraristokratie der Mamluken die führende Schicht des Landes.

Der Maghrib und al-Andalus

Das heutige Libyen hat in vormoderner Zeit keine eigene Staatlichkeit entwickelt. Die beiden in der Antike urbanisierten Landschaften, die griechische «Fünfstadt» (Pentapolis) mit dem Hauptort Kyrene – die Cyrenaika – und die lateinische «Dreistadt» (Tripolis) mit Oea, Sabratha und Leptis Magna, waren weit voneinander getrennt. Während die Erstere unter dem arabischen Namen al-Barqa meist von Ägypten aus verwaltet wurde, gehörte Letztere in den Machtbereich von Kairuan.

Die ehemaligen römischen Provinzen Africa und Numidia bildeten unter arabischer Herrschaft die Landschaft Ifrîqiya, die neben Tripolis und dem heutigen Tunesien den ganzen Nordosten Algeriens mit Constantine, Bône und Bougie umfasste. Die arabische Lagerstadt al-Qairawân (Kairuan) wurde anstelle des verlassenen Karthago der städtische Mittelpunkt der Region, ein bedeutendes Zentrum für Religion, Gelehrsamkeit und Kunst. Die nominell Bagdad unterstellte Gouverneursdynastie der Aghlabiden (800–909) hat Kairuan den großstädtischen Charakter verliehen. Der noch heute bestehende Moscheebau des Emirs Ziyâdat Allâh I. (817–838), im Jahre 836 vollendet, wurde zum Musterbau für Architektur und Baudekor der ganzen Region; die Schlösser und Parkanlagen in Raqqâda (neun Kilometer südlich von Kairuan) sind heute durch umfangreiche Ausgrabungen erschlossen.

Im Jahre 909 wurden die Aghlabiden von einem Berberheer aus Algerien vertrieben; 910 ließ sich der Fatimide 'Abdallâh al-Mahdî in Kairuan als Kalif huldigen. Mit der ismailitisch-schiitischen Dynastie trat der Maghrib (arabisch: der Westen) in offenen Gegensatz zum sunnitischen Kalifat der Abbasiden von Bagdad. Auf einer felsigen Halbinsel an der Küste wurde eine neue Palaststadt, al-Mahdiyya, angelegt; später kam eine weitere, al-Mansûriyya (unmittelbar südlich von Kairuan) hinzu. Nach der friedlichen Übernahme der Macht in Ägypten 969 siedelte der vierte Fatimidenkalif al-Mu'izz 973 in das neugegründete Kairo über und überließ den Maghrib seinen Vizekönigen, den algerischen Berberfürsten aus dem Haus der

70   III. Die arabische Welt vom 10. bis 15. Jahrhundert

Ziriden, die nun in die verlassenen Paläste der Fatimiden Einzug hielten.

Der Abfall der Ziriden von Kairo 1044 und ihre Rückkehr zum sunnitischen Islam und zur Anerkennung des fernen Bagdader Kalifen führte in den Jahren 1050–1052 zur schon oben (S. 50 f.) erwähnten Westwanderung der arabischen Beduinenstämme, mit der die Arabisierung des südlichen Tunesien und der zentralalgerischen Steppen begann.

Marokko heißt arabisch al-*Maghrib al-Aqsâ*, «der äußerste Westen». Bis in unsere Gegenwart ist es nacheinander von sechs muslimischen Dynastien regiert worden, die ihre Macht stets den einheimischen Berberstämmen verdankten, auch wenn sie selbst meist aus dem Orient zugewanderte Araber waren. Das Modell dieser für Marokko typischen Herrschaftsform hatte 789 der politische Flüchtling Idrîs, ein Urenkel von Mohammeds Enkel al-Hasan, gegeben, der seine Herrschaft mit Hilfe des Berberstammes der Aurâba um die alte Römerstadt Volubilis errichtete; sein Mausoleum im nahen Moulai Idris ist bis heute eine Art Nationalheiligtum der Marokkaner. Sein Sohn Idrîs II. (793–828) baute die vom Vater gegründete Stadt Fes *(Fâs)* zum städtischen Mittelpunkt der arabischen Herrschaft aus (s. o. S. 37); die dortige Moschee «der Kairuaner» *(al-Qarawiyyîn)* wurde der religiöse und geistige Mittelpunkt des Landes.

Nach der Zersplitterung der Herrschaft der Idrisiden in ein Dutzend Lokalherrschaften war der äußerste Westen zwischen den tunesischen Fatimiden und den jeweiligen Machthabern in al-Andalus umkämpft. Geeinigt wurde das Land dann durch das Wirken eines frommen Mannes, Ibn Yâsîn, der im Süden Marokkos eine klosterähnliche Glaubensburg, ein Ribât, gegründet hatte. Krieger eines Berbervolks aus der westlichen Sahara, der blau verschleierten Sanhâdscha, scharten sich um den Heiligen und bildeten die Kampftruppe der «Ribatleute» *(murâbitûn;* davon spanisch *Almorávides)*, denen es bald gelang, ganz Marokko und die Küste bis in die Gegend von Algier zu erobern. Ihr weltlicher Fürst, der Häuptling Yûsuf ibn Taschfin (1061–1106), gründete im Jahre 1062 Marrakesch *(Marrâkusch;* spanisch *Maruecos;* davon unser Marokko) als seine

Der Maghrib und al-Andalus 71

neue Hauptstadt – im Gegensatz zu dem ganz arabisch geprägten Fes eine Stadt von berberisch-afrikanischem Charakter.

1086 überquerte Yûsuf ibn Taschfin mit einem Almoravidenheer die Meerenge von Gibraltar, um in al-Andalus zu intervenieren. Das Kalifat von Cordoba war 1031 erloschen; der islamische Machtbereich war unter mehr als einem Dutzend regionaler «Teilkönige» (arabisch *mulûk at-tawâ'if*; spanisch *Reyes de Taifas)* in Malaga und Sevilla, Cordoba, Valencia, Toledo, Zaragoza usw. aufgesplittert. Kulturell war diese Periode mit den zahlreichen kleinen Höfen sehr reich; Dichtung, Wissenschaft und Kunst erlebten Höhepunkte; das Schlösschen al-Dscha'fariyya (spanisch *Aljafería*) bei Zaragoza zeugt noch heute von der Pracht der Taifas-Fürsten. Allerdings waren diese zu schwach, der nun verstärkt einsetzenden christlichen Reconquista Widerstand zu leisten. Die Intervention der Almoraviden einigte das geschrumpfte al-Andalus noch einmal unter der berberischen Dynastie aus Marokko, doch führte das Vordringen des Königs Alfonso VI. von León und Kastilien 1085 zum endgültigen Verlust von Toledo.

Die Almoraviden waren strenge Sunniten. Gegen ihren dogmatisch und juristisch erstarrten Gesetzesislam und wohl auch gegen ihre den Arabern ungewohnten Sitten wie das Verschleiern der Männer und das Nichtverschleiern der Frauen richtete sich die Reformbewegung eines neuen berberischen Heiligen, des aus dem Hohen Atlas stammenden Ibn Tumart (berberisch für Ibn 'Umar), der die Hochgebirgsbauern vom Volk der Masmûda für sich gewinnen konnte. Unter der Selbstbezeichnung «die Bekenner der Einzigkeit (Gottes)» (*al-muwahhidûn*; davon spanisch *Almohades*) traten sie an, um aus dem Hohen Atlas heraus die Herrschaft der Almoraviden zu stürzen. Als Ibn Tumart, der als der gottgesandte Mahdi («der Rechtgeleitete») verehrt wurde, 1130 starb, übernahm einer seiner Schüler, 'Abd al-Mu'min (1130–1163) die Führung der – nach sunnitischer Auffasssung heterodoxen – religiösen Bewegung und nannte sich Kalif, also Nachfolger, des Mahdi Ibn Tumart. Erstmals nahm so ein nichtarabischer Herrscher den bisher den Angehörigen des mekkanischen Stammes Quraisch vorbehaltenen geheiligten Titel an. Die

72   *III. Die arabische Welt vom 10. bis 15. Jahrhundert*

Almohaden unterwarfen ab 1145 auch das ganze noch islamisch verbliebene al-Andalus und schlugen am 18. Juli 1196 den König Alfonso VIII. von Kastilien bei Alarcos (westlich des heutigen Ciudad Real); es war der letzte bedeutende militärische Erfolg der Muslime gegen die christlichen Spanier. Auch der gesamte Maghrib bis Tunis und Tripolis kam unter almohadische Herrschaft; vor allem wurden die Beduinenstämme der Hilâl der Herrschaft der Zentralmacht unterworfen.

Der Hof der Almohaden war geprägt von der Kultur Cordobas; vor allem die Baukunst der Epoche zeugt von dem beherrschenden Einfluss der so genannten «maurischen» Kunst Andalusiens auf Marokko und Algerien. Die großen Moscheebauten der Almohaden, die Grabmoschee des Mahdi Ibn Tumart in Tinmal im Hohen Atlas (1153), die Moschee von Tlemcen in Algerien (1136), die «Buchhändlermoschee» (al-Kutubiyya, um 1150–1196) in Marrakesch, die unvollendete Riesenmoschee von Rabat mit dem Minarettstumpf des Hassân-Turmes (um 1190), die Große Moschee von Sevilla mit ihrem heute als Glockenturm der Kathedrale dienenden Minarett (1195; spanisch *la Giralda*, «die Wetterfahne») oder der «Goldturm» (*Torre de Oro*, 1220) am Flussufer von Sevilla sind Zeugnisse der almohadischen Epoche.

Zum Mittelpunkt von Gelehrsamkeit und Literatur wurde der Hof des zweiten Almohadenkalifen Abû Ya'qûb Yûsuf (1163–1184). Er protegierte den aus Cadix stammenden Astronomen, Arzt und Literaten Ibn Tufail (ca. 1100–1185), der mit seinem Roman *Hayy ibn Yaqzân* («Der Lebendige, Sohn des Wachenden») den bedeutendsten philosophischen Roman der arabischen Literatur schuf: die Geschichte eines Jungen, der, ohne je einen anderen Menschen gesehen zu haben, auf einer einsamen Insel aufwächst und aus eigener Kraft, nur mit Hilfe seines Intellekts und seiner Ratio, Einsichten und Fähigkeiten gewinnen muss. Ins Hebräische wie ins Lateinische (unter dem Autorennamen Abubacer) übersetzt, hat der Roman bis in die Neuzeit auch in Europa seine Wirkung entfaltet. Ibn Tufail zog junge Intellektuelle aus al-Andalus in seinen Kreis, darunter den 1126 in Cordoba geborenen Juristen und aristotelischen Philo-

Der Maghrib und al-Andalus 73

sophen Ibn Ruschd (Averroës), der ein Protegé des Kalifen Abû Ya'qûb Yûsuf wurde; für diesen amtierte er als Richter nacheinander in Sevilla, Cordoba und Marrakesch (1183), wo er Nachfolger des Ibn Tufail als Hofarzt wurde. Unter dem Kalifen Abû Yûsuf Ya'qûb (1184–1199) fiel er 1195 in Ungnade; seine philosophischen Schriften wurden auf dem Scheiterhaufen verbrannt. Nach kurzer Verbannung wurde er allerdings rehabilitiert und konnte nach Marrakesch zurückkkehren, wo er 1198 starb. Mit der Unduldsamkeit der almohadischen Religionsgelehrten hatte auch Ibn al-'Arabî (1165–1240) zu rechnen; der in Murcia geborene bedeutendste arabische Mystiker verließ das Almohadenreich 1204, um nach langer Wanderschaft in Damaskus ein Refugium zu finden.

Die Almohaden gaben ihre heterodoxe religiöse Lehre von sich aus auf; 1230 schwor der Kalif al-Ma'mûn persönlich auf der Kanzel von Marrakesch der almohadischen Lehre ab, verfluchte den Mahdi Ibn Tumart und verkündete die Rückkehr zur Sunna. Schon zuvor war mit der Niederlage, die die Almohaden 1212 bei Las Navas de Tolosa durch eine Koalition der christlichen Könige Nordspaniens erlitten hatten, der Niedergang der Almohaden eingeläutet worden. In rascher Folge fielen nun die Städte Südspaniens in christliche Hand, darunter Cordoba 1236 und Sevilla 1248.

Bis zum Ende des 15. Jahrhunderts sind es nun drei muslimische Staaten gewesen, die die Geschicke des Maghreb und Andalusiens bestimmten. Von Tunis aus regierte die Dynastie der Hafsiden, die von dem almohadischen Statthalter Abû Hafs, einem Schüler des Mahdi Ibn Tumart, begründet worden war, von 1228 bis 1574 ganz Ifrîqiya, d. h. Tunesien und Ostalgerien. In Marokko und Westalgerien dagegen kam die Macht an die Banû Merîn (Meriniden), einen Clan der nomadischen Zenâta-Berber, die 1216 von der Sahara her nach Marokko eindrangen und 1269 Marrakesch besetzten. Wie ihre Vorgänger waren die Meriniden-Herrscher Erben der maurischen Kultur und Kunst Andalusiens. Aus dem Osten übernahmen sie die Institution der Madrasa, der juristisch-theologischen Hochschule. Die merinidischen Madrasa-Bauten in Fes, Marrakesch und

III. Die arabische Welt vom 10. bis 15. Jahrhundert

Meknes entfalteten noch einmal den prächtigen Baudekor der in Cordoba entstandenen maurischen Architektur. In al-Andalus intervenierten die Meriniden nicht mehr. Islamisch blieb dort nur das Fürstentum der Nasriden von Granada (1230–1492), das zwischen den marokkanischen Herrschern und den christlichen Mächten zu lavieren versuchte. 1492 ging das Schloss der Nasriden, die Alhambra (al-Hamrâ = «die Rote»), in die Hände der «Katholischen Könige» Isabella von Kastilien und Ferdinand V. von Aragon über. Mit dem Fall von Granada hängt die Mission des Kolumbus, die Entdeckung der Neuen Welt und damit eines der Daten, die den Anbruch der Neuzeit markieren, unmittelbar zusammen.

Das Auf und Ab der marokkanisch-andalusischen Dynastien war der Stoff, anhand dessen der Historiker Ibn Chaldûn (1332–1406) seine Theorie vom Aufstieg und Niedergang der muslimischen Reiche entwickelte. Er war der Spross einer alten arabischen Familie, die aus Hadramaut stammte, sich aber bereits im 8. Jahrhundert in Sevilla, später in Ceuta und Tunis niedergelassen hatte; hier wurde Ibn Chaldûn geboren. Ein wechselvolles Leben führte den Gelehrten an zahlreiche kleinere Höfe Nordafrikas und nach Granada, ehe er sein Leben in Kairo beschloss, wo er mehrmals das Amt des Oberrichters innehatte, allerdings auch wiederholt im Gefängnis landete. Seinem Geschichtswerk über die Berber schickte er eine umfangreiche «Einleitung» *(Muqaddima)* voraus, in der er die Gesetzmäßigkeiten der historischen Abläufe zu ergründen suchte. Er sah in der Stammessolidarität *('asabiyya)* tribaler Verbände den mächtigen Antrieb zur Machtentfaltung und in deren unvermeidlichem Nachlassen im urbanen Milieu die Ursache für den Niedergang der Dynastien. Die höchst originellen Darlegungen Ibn Chaldûns – im modernen Druck drei Bände umfassend – haben ihm den Ruf des «ersten Soziologen» eingetragen; in der Tat sind sie in der mittelalterlichen Literatur ohne Parallele.

IV. Die arabische Welt von 1500 bis 1800

Weit verbreitet ist die Auffassung, für die arabische Welt wie für die islamische insgesamt sei in der Frühen Neuzeit oder auch schon im späten Mittelalter ein Bruch der Entwicklung zu konstatieren, der mit Begriffen wie «Stagnation» oder «Niedergang» beschrieben wird: Die Muslime hätten bestimmte Entwicklungen, die die Geschichte Europas prägten – die Reformation, später die Aufklärung, die Französische Revolution sowie die Industrielle Revolution –, «versäumt» und seien daher hinter dem Westen «zurückgeblieben»; dadurch seien sie dem kolonialen Zugriff der Europäer wehrlos ausgeliefert gewesen und von der Moderne überrascht worden, auf die sie daher bis heute unsicher oder mit gewaltsamer Abwehr reagierten. Als mögliche oder vermeintliche Ursache für «Niedergang und Stagnation» werden verschiedene Sachverhalte angeführt wie die Erstarrung der religiösen Doktrinen des sunnitischen Islam im späten Mittelalter, die Entdeckung Amerikas und des Seeweges nach Indien durch die Europäer und die damit verbundene Verlagerung der Welthandelswege, das Fehlen von kommunaler Selbstverwaltung und -verantwortung in den orientalischen Städten oder Ähnliches.

Die historische Forschung hat in einer Reihe von Spezialuntersuchungen gezeigt, dass zumindest die These vom allgemeinen wirtschaftlichen Niedergang zu modifizieren ist. Das Osmanische Reich ist im 16. Jahrhundert ein expandierender, straff organisierter Zentralstaat, der zahlreiche Grenzen beseitigt und damit einen Wirtschaftsraum geschaffen und Handelswege geöffnet hat, für deren Sicherheit zu sorgen er durchaus imstande war. Die Verlagerung des Gewürz-Transithandels auf die europäisch kontrollierte Route um das Kap der Guten Hoffnung konnte durch den Kaffeehandel über das Rote Meer kompensiert werden, der insbesondere Ägypten einen wirtschaftlichen Boom bescherte, und auch die Seidenproduktion der Levante blieb lange Zeit durchaus konkurrenzfähig.

Andererseits lässt sich nicht bestreiten, dass das Zeitalter der Entdeckungsreisen eine Epoche beispielloser europäischer Dominanz in der ganzen Welt einleitete. Nach und nach ist fast die gesamte islamische Welt unter politische, militärische oder wirtschaftliche Kontrolle der europäischen Mächte gekommen. Allerdings ereilte dieses Schicksal nicht nur die islamische Welt; es traf auch den Indischen Subkontinent, Südost- und Ostasien, von den beiden Amerika ganz zu schweigen. Den Islam wird man also wohl kaum dafür verantwortlich machen können. Erklärungsbedürftig wäre eher die unerhörte Dynamik, mit der sich die Europäer den Globus zu unterwerfen anschickten; dafür gibt es bis heute keine allgemein anerkannte, schlüssige Erklärung.

Die Kreuzzüge können durchaus als Vorspiel zu dieser Entwicklung angesehen werden; in ihnen hat Westeuropa erstmals versucht, einen Teil seiner demographischen, sozialen und wirtschaftlichen Probleme außerhalb Europas zu lösen, und die aufstrebenden Handelskommunen wie Pisa, Venedig und Genua mit ihrer dynamischen bürgerlichen Kaufmannselite sind sicher nicht zufällig Motor und Nutznießer der «bewaffneten Pilgerfahrten» ins Heilige Land gewesen. Mit den Entdeckungsreisen begann auch die Expansion der daran beteiligten europäischen Mächte nach Nordafrika und Asien: Schon 1415 hatten die Portugiesen Ceuta und 1471 Tanger besetzt; nach der Einnahme von Granada 1492 strebte auch Spanien nach der Kontrolle der nordafrikanischen Gegenküste. Doch in dem aufstrebenden Osmanenreich fand die spanische Monarchie einen durchaus ebenbürtigen Gegner.

Der Fruchtbare Halbmond
unter osmanischer Herrschaft

Das kleine türkische Fürstentum der Sippe Osman (*'Uthmân*) im Nordwesten Kleinasiens war seit dem Anfang des 14. Jahrhunderts sehr rasch zu einem bedeutenden Territorialstaat angewachsen. 1357 hatten die Osmanen auf der Balkanhalbinsel Fuß gefasst und ihre Eroberungen 1453 mit der Einnahme des byzantinischen Konstantinopel gekrönt. All das hatte sich außerhalb der arabischen Welt abgespielt, doch geriet auch diese seit dem Beginn des 16. Jahrhunderts in den Bannkreis des neuen Imperiums. Sultan Selim I. machte dem Mamlukenreich in Syrien und Ägypten ein Ende: Nach dem Sieg über das Mamlukenheer bei Mardsch Dâbiq nördlich von Aleppo im August 1516 besetzte der Sultan ganz Syrien und Palästina und 1517 auch Ägypten. Sogleich ließ ihm der Scherif von Mekka die Schlüssel der Ka'ba übersenden.

Unter Selims Nachfolger Süleyman II. dem «Prächtigen» (1520–1566) wurde auch der Irak dem osmanischen Territorium einverleibt; 1534/35 wurden Aserbeidschan mit seiner Hauptstadt Täbriz und der Nordirak mit Bagdad besetzt, 1546 auch der Süden mit Basra; 1552 wurde die osmanische Herrschaft auf die Ostküste Arabiens ausgedehnt, wo die Provinz (Sandschak) al-Hasâ (um Hofûf) eingerichtet wurde. Zwei Flottenstützpunkte sicherten die osmanische Vormacht auch zur See: Basra für den Golf und Suez *(Suwais)* für das Rote Meer. Für vier Jahrhunderte sollten die arabischen Länder des Fruchtbaren Halbmondes nun unter osmanisch-türkischer Herrschaft stehen, bis das Imperium im Ersten Weltkrieg zusammenbrach.

Die türkische Herrschaft hatte durchaus positive Seiten; die wirtschaftliche Blüte hat vor allem in dem Handelszentrum Aleppo ihren städtebaulichen Niederschlag gefunden, aber auch Damaskus und vor allem das seit dem Mongoleneinfall von zahlreichen Invasionen aus Iran heimgesuchte Bagdad blühten nun wieder auf. Die im 16. Jahrhundert ungebrochene Macht der Zentrale Istanbul brachte sich durch starke Gouverneure (Paschas), Finanzbeamte und Richter und die fremden, z. T. auf dem Balkan rekrutierten Garnisonstruppen zur Geltung; das einheitliche, unter Sultan Süleyman – von den Türken der «Gesetzgeber» *(Qânûnî)* genannt – kodifizierte Recht und eine straffe, höchst effiziente Katastrierung und Steuerveranlagung wurden überall eingeführt. Aber seit dem Beginn des 17. Jahrhunderts begannen sich die Zügel zu lockern; die einhei-

78   *IV. Die arabische Welt von 1500 bis 1800*

mischen Eliten, die traditionell als Kaufleute und Grundbesitzer das Wirtschaftsleben ebenso dominierten wie die religiös-intellektuelle Sphäre, begannen nun auch Anteil am politischen Leben zu erstreben und zu erlangen. Im Irak konnte sich der Gouverneur Hasan Pascha (1704–1723) mit Hilfe seiner privaten Armee aus georgischen und tscherkessischen Mamluken faktisch unabhängig machen und seine Macht seinem Sohn Ahmad Pascha (1723–1747) vererben. Auf diesen folgte dann, von Istanbul geduldet und anerkannt, eine regelrechte Mamlukenherrschaft in Bagdad und Basra, die bis 1831 währen sollte; ähnlich war es in Mossul. In Syrien spielte die einheimische Familie al-ʿAzm von 1725 bis 1807 eine vergleichbare Rolle als lokal verwurzelte, von der Zentralregierung anerkannte Gouverneure; ihr Palast in Damaskus bezeugt noch heute ihren Reichtum und ihre Prachtentfaltung. Ähnlich unabhängig agierte der Pascha von Sidon, Ahmad al-Dschazzâr (1775–1804), dessen Festung Akkon nicht einmal Napoleon Bonaparte einnehmen konnte.

Auch die Lockerung der osmanischen Zentralgewalt zugunsten lokaler und regionaler einheimischer Fürsten bedeutete nicht automatisch einen wirtschaftlichen Niedergang. Zwar geriet das Reich selbst in eine schwere Krise; die halbautonomen Provinzen der arabischen Welt vermochten sich jedoch durchaus wirtschaftlich zu behaupten. Ein Unruhefaktor blieben aber wie eh und je die Beduinen, die sowohl in Syrien/Transjordanien als auch im Westen des Irak unablässig gegen die Gebiete der Sesshaften drängten.

Die Arabische Halbinsel

Mit der Eroberung Syriens, Palästinas und Ägyptens durch die türkischen Osmanen 1516/17 geriet auch der Hidschâz mit den Städten Mekka und Medina unter die Oberherrschaft des Sultans in Konstantinopel. 1517 übersandte der Scherif von Mekka dem Sultan Selim I. die Schlüssel der Kaʿba und wurde dafür in seinem Amt bestätigt; der osmanische Sultan trug fortan den Titel «Hüter (wörtlich: Diener) der beiden Heiligen

Stätten» *(châdim al-haramain)*, den bisher der ägyptische Mamlukensultan getragen hatte (und den heute der König von Saudi-
Arabien trägt). Dem Sultan fiel damit fortan die Verantwortung
für den Unterhalt und die Ausstattung der Heiligtümer des
Islam sowie für die Organisation und den Schutz der alljährlichen Pilgerfahrt, des *Haddsch*, mit den Pilgerkarawanen aus
Damaskus und Kairo zu.

Der Jemen mit seinen so unterschiedlichen Landschaften war
für politische Einheit nicht gerade prädestiniert; verschiedene
kleine Dynastien hatten sich in ῾Aden, im Tiefland der Tihâma
am Roten Meer und in der Metropole des Hochlandes, San῾â,
abgelöst. Der beständigste Machtfaktor war das zaiditisch-
schiitische Imamat des Nordjemen mit dem Zentrum Sa῾da, das
schon im 9. Jahrhundert entstanden war und bis 1962 Bestand
haben sollte – die am längsten bestehende Dynastie der islamischen Welt. Ihr Herrschaftsbereich schwankte indes; mehrfach besetzten die Zaiditen San῾â und verloren es wieder. 1538
begannen die Osmanen auch den Jemen zu unterwerfen; 1546
wurde San῾â von ihnen besetzt, und 1552 war der Imam gezwungen, die Oberhoheit des Sultans anzuerkennen. Allerdings konnten die Osmanen ihre Herrschaft nicht auf Dauer behaupten, zumal auch die europäischen Kolonialmächte im Indischen Ozean
und im Roten Meer aufkreuzten – zunächst die Portugiesen,
dann die Holländer und Engländer. 1635 räumten die Türken
das Land.

Oman *(῾Umân)*, das durch Wüsten von den übrigen Teilen
der Arabischen Halbinsel getrennt ist, hat stets ein isoliertes
Eigenleben geführt. Die Bewohner seiner Küsten sind seit eh
und je Seefahrer, die mit den Monsunen die Küsten Ostafrikas
und Indiens erreichten und vom Handel lebten. Im 16. Jahrhundert bemächtigten sich die Portugiesen der Häfen von Qalhât
und Masqat ebenso wie von Hormuz (1514) auf der iranischen
Seite des Golfes; für anderthalb Jahrhunderte war Oman Teil
des portugiesischen Kolonialreiches. 1650 konnten die einheimischen Ya῾rubiden Masqat zurückerobern; die Nachfolge-
dynastie der Âl Bû Sa῾îd (seit 1741) dehnte ihre Macht auf die
Insel Sansibar vor der afrikanischen Küste aus, so dass ein

80   *IV. Die arabische Welt von 1500 bis 1800*

merkwürdiges Doppelreich über den Indischen Ozean hinweg
entstand.

Im Inneren der Arabischen Halbinsel kam es im 18. Jahrhundert zu einer Herrschaftsbildung, die – mit Unterbrechun-
gen – bis heute Bestand hat: die religiöse Erneuerungsbewegung
der Wahhabiten führte zur Gründung der Monarchie der Âl
Saʿûd (arab. *Âl* = Familie; nicht zu verwechseln mit dem Artikel
al-). Der Wanderprediger Muhammad ibn ʿAbd al-Wahhâb
(1703–1792) suchte den reinen, strengen Urislam wiederher-
zustellen, indem er gegen unstatthafte «Neuerungen» wie Heili-
genkult, Gräberverehrung und die Mystik der Derwischorden
einschritt. Nur der Koran und Prophetenaussprüche sollten als
Richtschnur für den Muslim gelten. Die Unterstützung durch
den Stammeshäuptling Muhammad ibn Saʿûd (gestorben 1765)
sicherte seinen Lehren Verbreitung in den Oasen und bei den
Stämmen Zentralarabiens, so dass unter dem Sohn Ibn Saʿûds,
ʿAbd al-ʿAzîz (1765–1803), ein mächtiges Wüstenreich entstand. Der religiöse Furor der Wahhabiten richtete sich gegen
die Sunniten in Mekka und Medina ebenso wie gegen die Schiiten im irakischen Nadschaf und Kerbelâ. Die Imam-Schreine
der Letzteren wurden 1802 von wahhabitischen Scharen ver-
wüstet, und 1804 wurde Medina von ihnen eingenommen, wo
der Friedhof al-Baqî', auf dem zahlreiche Gefährten des Propheten und mehrere schiitische Imame begraben lagen, zerstört
wurde. Das Grab des Propheten Mohammed wagten sie indes
nicht anzutasten, doch verboten sie seinen Besuch. Die Osmanen konnten nicht direkt gegen die Wüstenkrieger vorgehen;
es war ihr ägyptischer Vizekönig Muhammad ʿAlî, der in mehreren Feldzügen 1811–1818 dieses erste saudische Reich zer-
störte; 1815 wurde die Herrschaft der Osmanen über die Heiligen Stätten wiederhergestellt.

Ägypten

Die Eroberung Ägyptens durch die Osmanen 1517 machte das
Nilland zu einer Provinz des türkischen Imperiums. Neue fremde Eliten erschienen in Kairo, an ihrer Spitze der türkische Gou-

verneur *(wâlî)* im Range eines Paschas, begleitet von einer Armee, die sich aus zahlreichen Nationalitäten des Osmanischen Reiches zusammensetzte. Vor allem die Infanterieeinheit der Janitscharen (türkisch *Yeni Çeri*, «die neue Truppe»), die aus auf dem Balkan zwangsrekrutierten Christenkindern gebildet wurde, spielte als Machtfaktor eine immer wichtigere Rolle. Allerdings fanden auch die ägyptischen Mamluken in einem neuen Regiment Verwendung.

Die Anbindung Ägyptens an die Zentralregierung in Konstantinopel war zunächst sehr eng, doch lockerten sich auch hier wie in Syrien und im Irak die Zügel der Zentrale im Laufe der Zeit, und für lokale Eliten öffneten sich die Wege zurück an die Macht; die fremde Armee wurde nach und nach ägyptisiert. Im 17. Jahrhundert gelang es einer mamlukischen Fraktion, der Faqâriyya, für dreißig Jahre das Land zu beherrschen und die Macht des Wali zu beschränken; 1660 wurden sie von der rivalisierenden Fraktion der Qâsimiyya entmachtet. Als sich die beiden Fraktionen in bürgerkriegsähnlichen Wirren gegenseitig lähmten und nahezu vernichteten, schlug erneut die Stunde der Fremden; das Janitscharenregiment konnte nun für längere Zeit das Land dominieren und auch dem Gouverneur Paroli bieten, bis sich die mamlukischen Fraktionen und ihre Rivalität im 18. Jahrhundert erneuerten. Mamlukenbeys beherrschten seit 1760 das Land, zum Schluss in einer Art Duumvirat der Rivalen Ibrâhîm Bey und Murâd Bey, das Napoleon Bonaparte bei seiner Landung in Alexandria 1798 vorfand.

Vom wirtschaftlichen Wohlstand Ägyptens – der Kaffeehandel wurde schon erwähnt – zeugen das Anwachsen der Bevölkerung von Kairo um das Doppelte – von ca. 150 000 Einwohnern um 1500 auf etwa 300 000 um 1700 –, die Ausweitung des Stadtgebiets und die Fülle der in dieser Zeit entstandenen Monumentalbauten – Moscheen, Schulen, Bäder, Karawansereien *(Chân)* und Mausoleen. Unter den zahlreichen Lehranstalten begann sich seit dem späten 17. Jahrhundert die der Azhar-Moschee in Kairo besonders auszuzeichnen; ihr gewählter Chef, der *Schaich al-Azhar*, stieg zur führenden juristischen und religiösen Autorität nicht nur in Ägypten, sondern in der ganzen sunnitischen Welt auf.

Der Maghrib

Das westliche Mittelmeer war in der Frühen Neuzeit der Schauplatz des Antagonismus der christlichen Seemächte Portugal und Spanien einerseits und des Osmanischen Reichs andererseits. Dieses versuchte, mit Hilfe seiner Flotte so wie das östliche Mittelmeerbecken nun auch das westliche unter seine Kontrolle zu bekommen, indem es als Schutzherr der Muslime auf der Iberischen Halbinsel – allerdings vergeblich – und in Nordafrika auftrat.

Die Portugiesen hatten nach der Inbesitznahme von Ceuta 1415 ihre maritime Expansion entlang der Atlantikküste fortgesetzt und seit 1458 eine Reihe von Stützpunkten an der marokkanischen Küste besetzt; im Mittelmeer traten die Spanier als Seemacht auf. Die Hafenstädte der nordafrikanischen Küste wurden zu Zentren eines als *dschihâd* aufgefassten Kaperkrieges gegen die christlichen Länder nördlich des Mittelmeeres. Beute und Lösegeld waren der wirtschaftliche Anreiz dieser Aktivitäten der maghrebinischen «Barbaresken» wie auch ihrer christlichen Gegenspieler. Nach einem Raubzug marokkanischer Barbaresken gegen die spanischen Städte Alicante, Elche und Malaga 1505 besetzten die Spanier in den Jahren 1505–1511 alle wichtigen Häfen der maghrebinischen Küste: al-Marsâ l-kabîr (Mers el-Kébir), Oran, Mostaghânem, Tenes, Cherchell, eine Insel vor Algier, Bougie und Tripolis. Die Osmanensultane ermunterten und förderten die Korsaren daraufhin durch Entsendung von Schiffen; in den Jahren 1504–1510 taten sich besonders vier Brüder von der Insel Lesbos, darunter der legendäre Chair ad-Dîn, genannt Barbarossa, als Anführer von Seeunternehmen gegen die Christen hervor. Algier (arabisch *al-Dschazâ'ir*, «die Inseln») entwickelte sich unter Chair ad-Dîn seit 1516 mit Duldung der Hafsidensultane von Tunis und mit osmanischer Unterstützung zu einem regelrechten Korsarenstaat; der Korsar wurde von Sultan Selim zum *Beylerbey* (tür-

Der Maghrib 83

kisch für arabisch *amîr al-umarâ*, «Oberbefehlshaber») im Rang
eines Paschas erhoben und mit Truppen und Artillerie versorgt.
1534 konnte er Tunis im Namen des osmanischen Sultans
besetzen. Dieser Erfolg führte zum Eingreifen der christlichen
Mächte und zum Flottenunternehmen Kaiser Karls V. gegen
Algier und Tunis 1535 und später zur Besetzung von al-Mahdiyya 1550–1554. Der Seesieg, den die Christen – die vereinigten Geschwader des Kaisers, des Papstes und der Republik Venedig – 1571 bei Lepanto (Nafpaktos) am Eingang des Golfs
von Korinth über die osmanische Flotte errangen, und die Einnahme von Tunis durch Don Juan d'Austria 1573 waren zwar
schwere Rückschläge für den Sultan, doch konnten die Spanier
die nordafrikanische Küste auf Dauer nicht in Besitz nehmen.
1574 besetzte Sinan Pascha, von Tripolis kommend, Tunis.
Spanien gab den Kampf auf; König Philipp II. entschloss sich
1581 zu einem Waffenstillstand mit der Hohen Pforte, der den
einhundertjährigen Machtkampf beendete und die muslimische
Herrschaft über Nordafrika besiegelte.

Die nun in Tunis und Algier etablierten indirekten osmanischen Herrschaften waren merkwürdige politische Gebilde. Die
beiden «Regentschaften» wurden von der türkischen Armee
und Flotte gemeinsam regiert: Offiziere und Kapitäne saßen im
regierenden Rat *(dîwân)*. In Tunis wurde 1591 der ohnehin
schwache Pascha durch eine Revolte der 40 Bataillonschefs,
die den türkischen Titel *dey* («Onkel») trugen, entmachtet;
die Deys setzten einen der Ihren an ihre Spitze; er bestimmte den
Flottenchef *(qabtân* = «Kapitän») und den für die Steuerein-
treibung bei den Stämmen des Hinterlandes zuständigen Trup-
penkommandanten, den Bey. Während des ganzen 17. Jahrhunderts wurde Tunesien von Deys regiert; die tatsächliche
Macht verschob sich indes allmählich zugunsten der über die
Truppen verfügenden Beys. 1705 putschte der Agha der Lehens-
reiter *(sipâhî)*; Husain ibn 'Alî ließ sich zum Bey ausrufen und
schaffte das Amt des Dey ab. Seit 1710 regierte die Dynastie
der Husainiden als Beys von Tunis; sie bemühten sich, den ehemaligen Korsarenstaat in ein modernes Staatswesen zu ver-
wandeln.

84   *IV. Die arabische Welt von 1500 bis 1800*

Auch in Tripolis wurde der Pascha 1603 durch die Offiziere der lokalen Milizen entmachtet. In Algier verlief die Entwicklung ähnlich: Neben dem schwachen Pascha regierten hier zunächst die Aghas (Offiziere) der Janitscharen, die den Diwan beherrschten; 1659 wurden die Prärogativen des Pascha auf einen bloßen Ehrentitel reduziert, und die Aghas wechselten sich in zweimonatlichem Turnus ab. Seit einer Militärrevolte von 1671 standen von den Milizen gewählte Deys an der Spitze der Provinz, die 1711 durch die Verleihung des Sultanstitels an den Dey durch die Hohe Pforte als souveräner Staat anerkannt wurde.

Als einzigem Maghribland war es Marokko gelungen, sich dem spanischen wie dem osmanischen Zugriff zu entziehen. Das war das Verdienst einer arabischen Familie aus dem Süden, aus dem Sûs im Hinterland von Agadir: Die Banû Saʿd stammten von den im 11. Jahrhundert in den Maghrib eingewanderten Maʿqil-Beduinen ab. Verbunden mit einem lokalen Heiligen, einem Marabut, führten sie seit 1511 *dschihâd* gegen die Portugiesen, die sich 1505 in Agadir festgesetzt hatten, und dehnten dann ihre Macht über den Hohen Atlas nach Norden aus; 1524 nahmen sie Marrakesch ein (wo das prächtige Mausoleum mit den Saʿdier-Gräbern noch von ihrer Macht zeugt). 1541 konnten sie den Portugiesen Agadir nehmen, 1549 Fes besetzen und 1550 das von Korsaren beherrschte Tlemcen *(Tilimsân)* in Westalgerien erobern. In der «Schlacht der drei Könige» scheiterte 1578 bei al-Qasr al-Kabîr (Alcazarquivir) eine Invasion der Portugiesen; König Sebastian wurde geschlagen und verlor sein Leben ebenso wie der von ihm mitgeführte marokkanische Prätendent al-Mutawakkil und der Saʿdier-Sultan ʿAbd al-Malik.

Das Reich der Saʿdier zerfiel, nachdem es eine gewaltige Expansion bis in die Niger-Region versucht hatte. Die erneute Einigung des Landes gelang jener Dynastie, die noch heute Marokko regiert: Die ʿAlawiden sind – wie der Name schon sagt – Nachkommen ʿAlîs und Fâtimas, der Tochter des Propheten Mohammed, also Scherifen (arabischer Plural: *schurafâ*; französisch *chorfa*). Ihr Ahnherr ist ein Prophetennachkomme aus der Linie al-Hasans, der aus Yanbuʿ am Roten Meer in den Maghrib ausgewandert war und sich zu Anfang des 13. Jahrhunderts in Risânî in der Oase Talfilalt am östlichen Fuß des Hohen Atlas niedergelassen hatte. Seit 1636 herrschten die alidischen oder alawidischen Scherifen über das Tafilalt, von wo aus sie die Eroberung des ganzen Landes unternahmen. Nach der Einnahme von Fes 1666 ließ sich Mûlây ar-Raschîd zum Sultan proklamieren. Sein Bruder Mûlây Ismâʿîl (1672–1727), der ihm im Alter von sechsundzwanzig Jahren auf dem Thron folgte, war der bedeutendste Herrscher der Dynastie; er baute Meknes *(Miknâs)* zur neuen Hauptstadt und zur Garnison seiner starken, zum Teil aus Schwarzafrikanern, freigelassenen Sklaven und christlichen Renegaten bestehenden Armee aus. Er vertrieb die Spanier aus al-Maʿmûra und al-ʿArâʾisch (Larache) und – nach einer fünfjährigen Belagerung – die Engländer aus Tanger, das sie 1622 von den Spaniern übernommen hatten. Der kraftvollen Herrschaft des Sultans gelang es, fast ganz Marokko tatsächlich zu unterwerfen, das heißt den Teil des Landes, der der Besteuerung durch die Zentralregierung unterworfen war (das «Land des Fiskus», *bilâd al-machzan*), selbst auf die Stämme des Hohen Atlas und des Wüstenrandes auszudehnen. Zudem betrieb der Sultan erfolgreich die Modernisierung seiner Armee und versuchte – ähnlich wie die zeitgenössischen europäischen Staaten – eine Art merkantilistischer Wirtschaftspolitik, indem er Handel und Wirtschaft durch Direktiven von oben zu beleben und zu steuern versuchte; das Frankreich Ludwigs XIV. und seines Ministers Colbert war dabei sein wichtigster Partner. Dass Mûlây Ismâʿîls mächtiger Staat nach seinem Tod wieder die Beute von Wirren und Aufständen wurde, zeigt, wie schwach der innere Zusammenhalt des wenig urbanisierten, in berberische und arabische Stammesgebiete zersplitterten Landes tatsächlich geblieben war.

Zur wirtschaftlichen Prosperität des Maghrib im 17. Jahrhundert hat eine Bevölkerungsgruppe nicht unwesentlich beigetragen: die aus Spanien vertriebenen «Moriscos». Nachdem König Philipp II. 1563 den zwangsbekehrten, aber zum großen

Teil noch immer heimlich dem Islam anhängenden Moriscos den Besitz von Waffen ohne besondere Erlaubnis untersagt hatte, erließ er 1566 ein Edikt, das das Tragen arabischer Kleidung und des Schleiers verbot, religiöse Waschungen untersagte, die Auslieferung aller arabischen Bücher und den ausschließlichen Gebrauch der kastilischen Sprache binnen drei Jahren anordnete. Daraufhin kam es vor allem in Andalusien 1568–1571 zu Aufständen, die mit Gewalt niedergeworfen wurden. Die Hoffnung der Muslime auf ein Eingreifen der osmanischen Flotte erfüllte sich nicht. 1609–1614 folgten dann unter Philipp III. die Edikte, die die Vertreibung der Moriscos verfügten: Während etwa 25 000 ehemalige Muslime als Katholiken im Lande blieben, verließen rund 275 000 Menschen die Iberische Halbinsel, um in verschiedenen Städten des Maghrib Zuflucht zu finden. Ihr Zustrom belebte die Städte nicht nur in wirtschaftlicher, sondern auch in kultureller Hinsicht; ihre Beiträge zur Kunst, Architektur und Folklore sind bis heute erkennbar.

V. Das 19. Jahrhundert

Der Maschriq

Während des 19. Jahrhunderts blieb fast der ganze Osten *(al-Maschriq)* der arabischen Welt – der Fruchtbare Halbmond, Ägypten und Teile der Arabischen Halbinsel – formal Bestandteil des Osmanischen Reiches, auch wenn dessen Herrschaft hier und da zeitweilig von weitgehend autonomen Gebieten durchsetzt war. Die arabischen Länder waren daher Entscheidungen unterworfen, die in Konstantinopel, in wachsendem Maße aber auch in den anderen europäischen Metropolen gefällt wurden. Sie hatten ebenso Anteil an der Krise des Reiches, das auf dem Balkan und nördlich des Schwarzen Meeres bedeutende territoriale Verluste hinnehmen musste, wie auch an den seit 1792 einsetzenden Reformbemühungen der Sultane und an dem wachsenden politischen, militärischen und wirtschaftlichen Einfluss der europäischen Großmächte.

Die Entwicklung des Osmanischen Reiches kann hier nicht nachgezeichnet werden; erwähnt werden sollen nur die Marksteine seiner Entwicklung: die Reform des Heeres nach europäischem Vorbild unter Selim III. (1789–1807) und die gewaltsame Vernichtung der Janitscharen (1826), das auf europäischen Druck verkündete Reformedikt von 1839, das *Chatt-i Scherîf* («das Erhabene Handschreiben») von Gülhane, in dem erstmals Muslime und Nichtmuslime rechtlich gleichgestellt wurden; die «Neuordnungen» *(Tanzîmât)* des Rechts- und Erziehungswesens nach einem erneuten Reformedikt, dem *Chatt-i Humayun* («Großherrliches Handschreiben») aus dem Jahre 1856; die Schöpfung eines für das ganze Reich geltenden Zivilgesetzbuches, der *Medschelle* («Kodex», 1870–1876), das in den arabischen Ländern über das Ende des Osmanischen Reiches hinaus wirksam bleiben sollte; der Erlass einer Verfassung im Jahre 1876 und die Eröffnung des ersten osmanischen Parlaments 1877, das allerdings schon 1878 nach zwei kurzen Sitzungsperioden von dem autokratischen Sultan ʿAbdülhamîd II. (1876–1909) wieder suspendiert wurde.

Bis zum Ersten Weltkrieg bestand ein Konsens der westlichen Großmächte England, Frankreich, Österreich und Preußen/Deutschland, den Bestand des Osmanischen Reiches nicht anzutasten, vor allem, um Russland den Griff nach Konstantinopel und dem Balkan zu verwehren; lediglich die Unabhängigkeit Griechenlands (1829) wurde hingenommen. Die europäischen Mächte halfen der Hohen Pforte sogar dabei, ihre Herrschaft über die arabischen Länder zu festigen und insbesondere die Entstehung eines ägyptischen Großreichs zu verhindern. Der Preis dafür war die Öffnung des Osmanischen Reichs für die Handelsinteressen der Großmächte, die zu immer stärkerer wirtschaftlicher Abhängigkeit der Pforte von den Europäern führte und im englisch-osmanischen Handelsvertrag von 1838, dem Staatsbankrott des Reiches 1875 und der Einrichtung einer internationalen Schuldenverwaltung *(Administration de la dette publique ottomane)* in Konstantinopel 1881 gipfelte.

Der Irak. Das wenig urbanisierte Zweistromland war bis ins 19. Jahrhundert weithin eine Domäne der arabischen Nomaden, der Beduinen. In den wenigen städtischen Zentren hatten sich lokale Dynastien etabliert, die die Pforte gewähren ließ: im Norden die Dschalâlî-Emire in Mossul, im Süden die Mamluken georgischer Abstammung in Bagdad, die auch die Hafenstadt Basra kontrollierten. 1831 indes machte die Pforte durch eine militärische Intervention den lokalen Herrschaften ein Ende und stellte die direkte Verwaltung des Irak wieder her. Einer der bedeutendsten Gouverneure und Modernisierer war Midhat Pascha (1869–1872), der spätere Gouverneur von Damaskus (1878–1880), Großwesir (1872) und Justizminister, der Vater der Verfassung von 1876.

Eine Sonderstellung nahmen die Euphrat-Städte an-Nadschaf und Kerbelâ ein. Die beiden schiitischen Heiligtümer, die Gräber 'Alîs bzw. seines Sohnes al-Husain, hatten schon im 18. Jahrhundert zahlreiche schiitische Geistliche und Gelehrte aus Iran angezogen, die die beiden Schreine zu Zentren der schiitischen Jurisprudenz und Theologie gemacht hatten. Da die Schiiten in den beiden Städten weitgehend unter sich blieben, ließen die sunnitischen Osmanen sie gewähren. Als aber die osmanische Verwaltung begann, die Beduinen des Südirak sesshaft zu machen, fanden die schiitischen Geistlichen bei den nur oberflächlich islamisierten Stämmen ein fruchtbares Feld für ihre Mission. Binnen weniger Jahrzehnte wurde der ganze Süden des Irak schiitisch, und die Schreine fanden in den nun zu wohlhabenden Grundbesitzern gewordenen Stammesscheichs eine treue und spendable Klientel. Es entstand jene enge, häufig auch durch Heiraten verstärkte Symbiose zwischen der Geistlichkeit der beiden Schreine und der südirakischen Landbevölkerung, die bis heute wirksam ist.

Syrien. Die Geschichte Großsyriens *(bilâd asch-Schâm)* beginnt im 19. Jahrhundert mit dem gescheiterten Vorstoß Bonapartes von Ägypten her, der an der Verteidigung von Akkon durch Ahmad Pascha al-Dschazzâr scheiterte. Die Pforte behauptete ihre syrischen Provinzen und konnte sogar die lokalen

Kräfte zugunsten der Zentralregierung zurückdrängen; in Damaskus ging 1808 die Vorherrschaft der Familie al-ʿAzm zu Ende. Zwar kam Großsyrien 1831 unter die Herrschaft des ägyptischen Paschas Muhammad ʿAlî (s. u. S. 91 f.), doch musste dieser 1840 auf Druck Englands und Österreichs, die dem Osmanischen Reich zu Hilfe kamen, alle seine Eroberungen räumen.

Eine Sonderstellung nahm der Libanon ein, seit eh und je ein Rückzugsgebiet für religiöse Minderheiten. Den Norden des Gebirges dominierten die Maroniten, eine christliche Gemeinschaft, die schon seit den Kreuzzügen enge Beziehungen zur westlichen Christenheit und Frankreich unterhielt und mit Rom uniert war. Unter ihrem Emir Baschîr II. asch-Schihâbî (1788–1840) wurde der Grundstein für die jahrhundertelange Dominanz der Maroniten im Libanongebirge gelegt, vor allem zu Lasten der im Süden des Gebirges siedelnden Drusen, einer Abspaltung der schiitischen Ismailiten. Schon im 19. Jahrhundert kam es als Folge der Ausdehnungsversuche der Maroniten nach Süden mehrmals (1841–1845; 1860) zu schweren Kämpfen zwischen den beiden gleichermaßen arabischen Gruppen. Unter dem Druck Frankreichs wurde 1861 eine autonome Provinz *Mont Liban* – allerdings ohne die Hafenstädte – eingerichtet, die unter dem Schutz Frankreichs bis zum Ende des Osmanischen Reiches bestand und in der die arabischen Christen (Maroniten, Griechisch-Katholische, d.h. mit Rom Unierte, und Griechisch-Orthodoxe) die muslimischen Minderheiten (Drusen, Sunniten und Schiiten) majorisierten. Der Mont Liban wurde nach dem Ersten Weltkrieg die Keimzelle der Republik Libanon, die die Siegermächte als christlichen Staat und europäisches Einflussgebiet erhalten wollten.

Arabien. Der Überfall der Wahhabiten unter Führung der Familie Saʿûd auf das irakische Kerbelâ 1802 und die Eroberung von Medina 1804 und Mekka 1806 (s. o. S. 80) berührte unmittelbar die Interessen des Osmanischen Reiches und rief den Sultan als «Hüter der beiden Heiligen Stätten» auf den Plan. Der Pascha von Ägypten, Muhammad ʿAlî, wurde beauftragt, gegen die Wahhabiten vorzugehen. Nach dem Ausbau seiner Armee konnte er in den Jahren 1811 bis 1813 Mekka und Medina zurückerobern und 1818 sogar Darʿiyya in Zentralarabien, das Zentrum der Wahhabiten und der Familie Saʿûd, einnehmen und dem Erdboden gleichmachen. Der Emir ʿAbdallâh ibn Saʿûd wurde nach Konstantinopel deportiert und dort hingerichtet. Die ägyptisch-osmanische Kontrolle über Zentralarabien ließ sich aber auf die Dauer nicht aufrechterhalten, so dass die Saʿûd schon wenige Jahre später ihre Herrschaft – wenn auch nur in lokalem Rahmen – wieder errichten konnten. Die Osmanen nutzten diese Gelegenheit, um ihre Herrschaft im Hidschâz und längs der Küste des Roten Meeres erneut zu festigen; 1872 kam auch der Jemen wieder unter osmanische Herrschaft.

Allerdings mussten die Osmanen es hinnehmen, dass die Briten sich rund um die Arabische Halbinsel herum festsetzten. 1839 nahm die *East India Company* Aden in Besitz, eine wichtige Station auf dem Weg nach Indien und ein Stützpunkt am Eingang des Roten Meeres, dessen Bedeutung allerdings erst nach dem Bau des Suez-Kanals voll zum Tragen kommen sollte; die Stämme des Hinterlandes wurden vertraglich an Großbritannien gebunden. An der arabischen Golfküste geschah seit den 1820er Jahren Ähnliches: Durch den Abschluss eines «Ständigen Waffenstillstandes» *(Perpetual Truce)* wurden 1853 aus der «Piratenküste» die unter britischem Protektorat stehenden «Vertragsstaaten» *(Trucial States*, seit 1971 die *Vereinigten Arabischen Emirate)*. Von besonderer Bedeutung aber war das Abkommen zwischen Großbritannien und dem Scheich von Kuwait 1899. Kuwait war von der Pforte als Endstation der seit 1888 geplanten Bagdadbahn vorgesehen, die die Hauptstadt Konstantinopel mit dem Golf verbinden sollte. Da die Bahn von einem osmanisch-deutschen Konsortium gebaut wurde, fürchteten die Briten, das Deutsche Reich könne auf diesem Wege Einfluss am Golf gewinnen, und banden den Scheich aus der Familie der Âl Sabâh 1899 mit einem Schutzvertrag an sich, der seinen Stadtstaat *de facto* aus dem Osmanischen Reich löste – ein Schritt, der noch 1990/91 im Kuwait-Konflikt Folgen zeitigen sollte.

Ägypten. Während der ersten Hälfte des 19. Jahrhunderts war Ägypten sicherlich das bedeutendste der arabischen Länder. Zwar mag die Landung der Armee Bonapartes 1798 in ihrer Bedeutung für die gesamte islamische Welt weit überschätzt werden – für Ägypten selbst bedeutet sie einen epochalen Einschnitt. Die modern strukturierte und bewaffnete französische Armee schlug die Mamluken bei den Pyramiden; erstmals lernten die Ägypter eine effiziente Verwaltung, eine moderne Rechtsprechung sowie moderne wissenschaftliche Methoden und Instrumente kennen. Schock und Bewunderung des Neuen spiegeln sich im Tagebuch und in der Chronik eines Kairiner Intellektuellen, des Gelehrten al-Dschabartî (1753–1825) wider.

Nachdem Briten und Osmanen 1802 den Abzug der Franzosen erzwungen hatten, setzte die Pforte wieder Paschas als Statthalter in Kairo ein. Durch einen Gewaltstreich kam 1805 ein aus Makedonien stammender Arnaut (Albaner), Muhammad ʿAlî, als Pascha an die Macht, dessen Herrschaft (1805–1848) zu den bemerkenswertesten Epochen der ägyptischen Geschichte zählt. Nachdem er 1811 in der Zitadelle von Kairo 300 Mamluken hatte niedermetzeln lassen, begann er mit dem Aufbau einer modernen Armee und initiierte eine Reihe von Reformen, die Ägypten zeitweilig zu einer Großmacht im östlichen Mittelmeerraum und am Roten Meer machten. Er holte Techniker, Berater und Instrukteure aus Europa, vor allem aus Frankreich, ins Land und schickte Studenten nach Paris. Muhammad ʿAlî revolutionierte vor allem die Landwirtschaft Ägyptens. Die Anbaumethoden wurden verbessert, die Bewässerung ausgebaut und der bebaubare Boden ausgeweitet. Eine exportorientierte Produktion (Weizen, Reis, Zuckerrohr) wurde gefördert und schließlich ab 1821 eine Baumwoll-Monokultur geschaffen, die zwar kurzfristig reiche Erträge brachte, zugleich aber das wirtschaftliche System krisenanfällig machte. Zudem suchte der Staat nicht nur auf dem Gebiet der Landwirtschaft, sondern auch in der manufakturellen und beginnenden industriellen Produktion und im Handel eine Monopolstellung zu erlangen.

Durch diese zentral gelenkte und brutal durchgesetzte Wirtschaftspolitik verschaffte sich Muhammad ʿAlî die Basis für die Aufstellung einer riesigen Armee, die auf über 150 000 Mann anwuchs und als Mittel einer imperialen Expansion diente, die wiederum den Gewinn von Rohstoffen zum Ziel hatte. Nach der Niederwerfung der Wahhabiten in Arabien eroberten die Ägypter 1820–1823 den Sudan, der bis zum Ende des Jahrhunderts mit Ägypten verbunden blieb. 1822–1827 griffen die ägyptische Flotte und die Armee im Einvernehmen mit der Pforte in den Unabhängigkeitskrieg der Griechen ein. Ziel des Pascha war die Kontrolle von Zypern, Kreta und der Peloponnes (Morea); allerdings wurde seine Flotte 1827 vor Navarino von den vereinigten Geschwadern der Engländer, Franzosen und Russen vernichtet. Der Griff nach Syrien und Kleinasien 1831 bedeutete dann die Aufnahme einer eigenen Machtpolitik auf Kosten des Osmanischen Reiches. Immerhin konnten die Ägypter 1831–1840 Großsyrien und Kilikien (mit Adana und Tarsus) behaupten. Es waren die Großmächte England und Österreich, die im eigenen Interesse der Pforte zu Hilfe kamen und die Ägypter zur Räumung ihrer Eroberungen (mit Ausnahme des Sudan) zwangen. England wollte das Entstehen einer arabischen Großmacht, die seine Handelsinteressen schmälern und seine Verbindungen nach Indien bedrohen konnte, verhindern.

Das Ägypten Muhammad ʿAlîs wird häufig zum Vergleich mit dem Japan der Ära des Kaisers Meiji (1868–1912) herangezogen, der ein ähnliches Experiment der gewaltsamen Modernisierung und der Emanzipation von europäischem Einfluss mit Erfolg ins Werk setzen konnte. Das Scheitern Ägyptens, das unter Muhammad ʿAlî tatsächlich das wirtschaftlich, technisch und militärisch führende arabische Land war, ist sicher in erster Linie auf das europäische, vor allem britische Eingreifen zurückzuführen, doch sind die strukturellen Schwächen des Landes, die durch die gewaltsam forcierte wirtschaftliche Blüte überdeckt wurden, nicht zu übersehen.

Gewissermaßen als Entschädigung für die Zerschlagung seiner Großmachtpläne erhielt Muhammad ʿAlî die Sicherung

Der Maschriq 93

der Nachfolge seiner Söhne und Enkel, die von der Pforte als Paschas bestätigt wurden. Nach seinem Sohn Saʿîd (1854–1863) regierte 1863–1879 sein Enkel Ismâ'îl, der im Jahre 1867 vom Sultan den Titel eines Khediven (persisch *chadîv* = Fürst, Souverän) erhielt. Unter dem ersteren wurde der Suezkanal geplant, der 1859–1869 gebaut wurde – ein Unternehmen, das binnen zwei Jahrzehnten zum Ruin der ägyptischen Staatsfinanzen und zum Verlust der Unabhängigkeit des Landes führte. Im Gegensatz zu Muhammad ʿAlî, der jede fremde Einmischung verhindert hatte, öffneten seine Nachfolger das Nilland weit allen europäischen Einflüssen und vor allem europäischem Kapital, da sie auf diese Weise ein Gleichziehen Ägyptens mit den europäischen Großmächten und eine Aufnahme in deren Reihen erhofften – ganz ähnlich wie die Reformer des Osmanischen Reiches in Konstantinopel zur selben Zeit. Tatsächlich aber wurde Ägypten zur Beute ausländischer Handels- und Kapitalinteressen. Eine internationale Meute von Finanziers, Investoren und Spekulanten machte sich die Öffnung des Landes zunutze und suchte ihren Profit in dem neuen Eldorado des Nahen Ostens. Der Sündenfall Saʿîd Paschas war, dass er sich 44 Prozent der Suezkanalaktien aufdrängen ließ, für die er sich maßlos verschulden musste; um seinen kurzfristigen Zahlungsverpflichtungen nachzukommen, musste er bei einer Londoner Bank eine langfristige Staatsanleihe aufnehmen, für die er das Steueraufkommen der Provinzen des Nildeltas verpfändete; da die Schulden nicht getilgt werden konnten, türmten sie sich unter seinem Nachfolger Ismâ'îl zu astronomischen Höhen auf. Hinzu kamen Ismâ'îls ehrgeizige Pläne der Modernisierung seines Landes sowie seine Versuche, am oberen Nil und in Äquatorialafrika, in Eritrea und Abessinien ein ägyptisches Imperium zu schaffen. Immer neue langfristige Staatsanleihen mussten mit immer neuen Konzessionen erkauft werden; die Einkünfte der eben erst erbauten ägyptischen Eisenbahnen wurde ebenso verpfändet wie die der Privatdomänen des Khediven. Die schwindelerregende Verschuldung des Landes führte 1876 schließlich zum finanziellen Ruin und zur erzwungenen Einsetzung eines französischen und eines englischen Finanzkon-

94 V. Das 19. Jahrhundert

trolleurs *(Dual Control)*, denen die Überwachung des gesamten Finanzwesens Ägyptens oblag. 1876 geriet – wie fünf Jahre später in Konstantinopel – die Schuldenverwaltung des Staates durch die Einrichtung der *Caisse de la dette publique* unter ausländische Kontrolle. 1878 wurde eine neue Regierung gebildet, die so genannte «europäische», da ein Engländer das Finanzressort erhielt und ein Franzose Minister für Öffentliche Arbeiten wurde.

Nun regte sich der Widerstand des Khediven und einheimischer Offiziere und Notabeln, doch die europäischen Mächte zwangen den osmanischen Sultan, Ismâ'îl für abgesetzt zu erklären und seinen Sohn Taufîq (1879–1892) zum Nachfolger zu ernennen. Anfang 1882 konnte die Opposition, angeführt von dem Obersten 'Urâbî und unterstützt von den ägyptischen Großgrundbesitzern und Kaufleuten, für kurze Zeit die Macht in Kairo an sich reißen und die fremdstämmige mamlukische, türkisch-tscherkessische Elite vorübergehend von der Macht verdrängen, doch schon im September besetzten daraufhin britische Truppen das Land.

Der Maghrib

Die Geschicke der drei formal zum Osmanischen Reich gehörenden nordafrikanischen Regentschaften Tripolis, Tunis und Algier nahmen einen ähnlichen Verlauf, wenn auch mit beträchtlichen zeitlichen Verzögerungen. In allen dreien folgte auf die Phase der Diwan-Herrschaft, in der die Offiziere der osmanischen Flotte und Armee in ihrer Ratsversammlung *(dîwân)* die Hafenstadt und ihr Hinterland regiert hatten, die Etablierung einer aus dem Diwan hervorgegangenen Dynastie, die im Lauf des 19. Jahrhunderts unter den wirtschaftlichen und militärischen Druck der Europäer geriet und schließlich der direkten Kolonialherrschaft weichen musste.

In Algier kam diese Entwicklung zuerst zum Abschluss. Hier nutzten die Franzosen einen Zwischenfall – der Dey soll den französischen Konsul mit einem Fliegenwedel geschlagen haben – 1827 zum Eingreifen. Nach einer längeren Blockade

Der Maghrib 95

des Hafens besetzten französische Truppen im Juni/Juli 1830 Algier und zwangen den Dey Husain zur Abdankung. Der Coup erfolgte noch unter dem Bourbonenkönig Karl X., doch auch die konstitutionelle Monarchie des «Bürgerkönigs» Louis Philippe und nach 1871 die Dritte Republik trieben unter dem Druck der Militärs die Unterwerfung des Landes voran. Gegen heftigen Widerstand wurde 1837 Constantine genommen; doch erst 1900 konnten die Tuat-Oasen im äußersten Südwesten besetzt werden.

In Tunis saß die Dynastie der Beys fester im Sattel, seitdem sie zu Anfang des Jahrhunderts – ähnlich wie Muhammad ʿAlî in Ägypten – die Janitscharen entmachtet hatte. Die militärisch-politische Elite blieben aber die Mamlukenoffiziere tscherkessischer Herkunft. Reformen des Steuersystems und sogar das kurzlebige Experiment mit einer Verfassung *(dustûr)* und einem – wenn auch machtlosen – Parlament (1861–1864) sollten das Land modernisieren und dem europäischen Druck entziehen. Aber wie in Ägypten führte die Politik der Staatsanleihen, die in Europa aufgenommen wurden, seit 1863 zu einer wachsenden Staatsverschuldung und 1869 zur Einsetzung einer Finanzkommission, die die Interessen der europäischen Gläubigerstaaten Frankreich, Italien und Großbritannien wahrnehmen sollte, und damit zu einer Aushöhlung der staatlichen Autorität. Die Ära des fähigen leitenden Ministers Chair ad-Dîn Pascha (1869–1879), eines Abchazen aus dem Kaukasus, der im Stil der osmanischen Tanzîmât-Reformen das Land zu modernisieren suchte, führte indes zu einer noch stärkeren Durchdringung des Landes mit ausländischem Kapital; die Spirale drehte sich immer schneller, und schließlich besetzten die Franzosen 1881 Tunesien, um den kolonialen Ambitionen des gerade geeinigten Italien zuvorzukommen. Unter ihrem Protektorat – der Bey blieb im Amt – wurde das Land nun für europäische Siedler geöffnet, vor allem Franzosen, aber auch Italiener, die sich alsbald große Ländereien aneigneten und Getreide- und Weinbau in großem Stil betrieben.

In Tripolis wurde die Dynastie der Qaramanli-Paschas (seit 1720) schon 1835 durch die Osmanen beseitigt, die aus der halbautonomen Regentschaft wieder eine direkt verwaltete Provinz machten – ein Versuch, den Selbständigkeitsbestrebungen Ägyptens unter Muhammad ʿAlî und der französischen Eroberung Algeriens entgegenzuwirken. Der europäische Einfluss blieb deshalb hier sehr schwach; erst die Eroberung durch die Italiener 1911/12 fügte Libyen in den kolonialen Rahmen Nordafrikas ein.

Auch in Marokko kam es erst zu Beginn des 20. Jahrhunderts zur Errichtung einer direkten Kolonialherrschaft. Die Sultane der ʿalawidischen Dynastie geboten tatsächlich nur über die atlantische Küstenebene mit den vier Königsstädten Fes, Meknes, Rabat und Marrakesch sowie über ein im Umfang schwankendes Territorium, in dem die Zentralgewalt imstande war, mit Hilfe loyaler Stämme Steuern zu erheben. Dieser *machzan* (wörtlich: «Magazin, Speicher») genannte Bereich schwankte in seinem Umfang je nach der augenblicklichen Machtkonstellation. Mächtige Regionalfürsten (*qâ'id*, «Führer») und von religiösen Orden *(tarîqa*, pl. *turuq)* unterhaltene klosterartige Zentren (*zâwiya*, «Winkel, Klause») übten in bestimmten Gegenden eine Macht aus, die von der Zentrale kaum zu kontrollieren war. Frankreich und Spanien einigten sich 1904 auf eine Aufteilung des Landes in Interessensphären; ähnliche Ambitionen des Deutschen Reiches wurden 1906 auf der Konferenz von Algeciras zurückgewiesen. Als die Franzosen im März 1912 ihr Protektorat über den größten Teil des Landes errichteten, wurde Marokko geteilt; der Norden wurde spanisches Protektorat, während die Hafenstadt Tanger einen internationalen Status erhielt.

Strategien gegen die europäische Durchdringung: Europäisierung, islamische Erneuerung, Nationalismus

Der mit dem 19. Jahrhundert einsetzende Druck der europäischen Mächte auf den Nahen Osten und Nordafrika ist von den dortigen Eliten durchaus erkannt und die daraus erwachsenden Gefahren sind richtig eingeschätzt worden. Es hat nicht an Versuchen gefehlt, sich gegen die wachsende Fremdbestimmung zur Wehr zu setzen. Die Reformen im Osmanischen Reich, im weitgehend autonomen Ägypten und in Tunesien hatten eine forcierte Modernisierung, ja Europäisierung zum Ziel. Man hoffte, das wirtschaftlich, politisch und militärisch immer stärker werdende Europa einzuholen und als gleichberechtigte Partner in dessen Staatensystem aufgenommen zu werden. Das scheiterte an den Eigeninteressen der Europäer, denen viel mehr daran gelegen war, ihren eigenen Industrien Märkte zu öffnen, als potentielle Konkurrenten entstehen zu lassen.

Die von der osmanischen wie der ägyptischen Regierung betriebene Politik der Öffnung gegenüber Europa hatte indes nicht nur negative Folgen. Im Fruchtbaren Halbmond und in Ägypten wurde die landwirtschaftliche Nutzfläche beträchtlich vergrößert, im Irak infolge der Ansiedlung der Beduinen gar um das Zehnfache. Am Nil machte der Bau des ersten Assuan-Staudamms (1902) die Landwirtschaft von den schwankenden Höhen der jährlichen Nilschwelle unabhängig. Telegraphennetze und Eisenbahnlinien erschlossen weite Gebiete – genannt seien nur die Bagdadbahn (1888–1940) und die Hidschâz-Bahn (1900–1908), die Damaskus mit Medina verband und weiter über Mekka nach dem Jemen führen sollte. Die Dampfschifffahrt erschloss die Wasserstraßen – besonders bedeutsam auf dem Tigris und dem Euphrat –, der Bau des Suezkanals machte die Fahrt um das Kap der Guten Hoffnung überflüssig. Es entstand eine türkische und arabische Presse. Die Kehrseite war, dass die Öffnung für das ausländische Kapital, das diese Verbesserungen der Infrastruktur zum größten Teil bewirkte, zu Lasten des einheimischen Handels, des Handwerks und der Landwirtschaft ging.

Nutznießer der Ausweitung der landwirtschaftlichen Flächen und der Intensivierung des Anbaus waren indes nicht nur europäische Investoren und Unternehmer, sondern auch die einheimischen Eliten. Im 19. Jahrhundert entstand in den Agrarländern des Nahen Ostens eine einheimische Großbürger- und Großgrundbesitzerschicht, die bis zu den Umwälzungen der 1950er Jahre überall die Notabeln stellte und politisch den Ton angab. Neben dieser Schicht, die in ihrem kulturellen und religiösen Habitus dem einheimischen Herkommen verhaftet blieb, entstand in allen Ländern eine kleine, auch kulturell nach Europa orientierte Elite, die sich von der in traditionellen Formen lebenden Masse der Bevölkerung, vor allem auf dem Lande, scharf abhob. Diese Spaltung der Gesellschaft – bei der Zwischenstufen natürlich nicht fehlen – ist bis heute eines der charakteristischen Kennzeichen der nahöstlichen Gesellschaften geblieben.

Die Europäisierung musste vor allem bei den Bevölkerungsschichten auf Widerstand stoßen, die sich als deren Opfer sahen – bei den städtischen Mittelschichten, den Bauern und auch den Beduinen. Dem übermächtigen Fremden etwas bewährtes Eigenes entgegenzusetzen hieß, auf die eigene Tradition, vor allem auf den Islam, zurückzugreifen. Da die Fremden ganz überwiegend als Christen wahrgenommen wurden, war die Selbstdefinition als Muslime ein naheliegendes Bindemittel. Charismatische religiöse Führer organisierten vielerorts den Widerstand, dem sich alle anschließen konnten, die sich durch den raschen Wandel in ihrem Status bedroht sahen.

Gegenwehr mit der Waffe in der Hand formierte sich zuerst dort, wo die Kolonialmacht direkt mit Truppen präsent war. So stießen die Franzosen in Westalgerien auf den erbitterten Widerstand von Freischärlern, die sich um ʿAbd al-Qâdir scharten, den «Sultan der Araber», wie der Sohn eines Scheichs des mystischen Qâdiriyya-Ordens sich 1832 nannte. Die Franzosen erkannten ihn in einer Reihe von Verhandlungen und Verträgen als Oberhaupt eines halb unabhängigen westalgerischen Staates an, doch als er seinen Machtbereich ständig ausweitete und den *dschihâd* gegen die Ungläubigen ausrief, bekämpften ihn die Franzosen 1840–1847 entschieden bis zu seiner Kapitulation. Er beschloss sein Leben als Verfasser mystischer Schriften im Exil in Damaskus (1883).

Eine ähnliche Verwurzelung in den Traditionen der mystischen Orden *(turuq)* hatte der Aufstand des Mahdi im Sudan. 1881 erhob der vierzigjährige Scheich Muhammad Ahmad den Anspruch, der von den Muslimen erwartete, von Gott «rechtgeleitete» *(al-mahdî)* Retter und Erneuerer des Islam zu sein und die Ungläubigen zu vertreiben. Gemeint waren die Briten, deren General Gordon 1874–1879 im Namen des Khediven vom Sudan aus die Macht Ägyptens – in Wirklichkeit die Großbritanniens – nach Äquatorialafrika ausgedehnt hatte und von Khartûm aus ein unnachsichtiges Regiment führte. Eine nicht unerhebliche Rolle bei der Erhebung spielte die englisch-ägyptische Konvention von 1877, die die Sklaverei im Sudan abschaffte – für die Sklavenhändler und -halter des Sudan ein schwerer Schlag. Der Mahdi trat entsprechend seinem Titel als der Erneuerer des Islam auf; seine Anhänger nannten sich *ansâr*, «Helfer», nach dem Vorbild der Unterstützer des Propheten Mohammed in Medina. In der Provinz Kordofan entstand ein islamischer Staat mit dem Mahdi als Oberhaupt. Der von London 1884 erneut entsandte Gordon wurde bei der Erstürmung von Khartûm durch die Krieger des Mahdi im Januar 1885 getötet. Allerdings starb der Mahdi schon im selben Jahr; Hungersnöte und innere Zwistigkeiten schwächten das Regime seines Nachfolgers *(chalîfa)*, so dass die Briten 1898 die Kontrolle über den Sudan zurückgewinnen konnten. Die Familie des Mahdi spielt bis heute eine Rolle in der Politik des Sudan.

In Libyen war es der Orden der Sanûsiyya (Senoussi), der 1911 den Kampf gegen die italienischen Invasoren aufnahm. Gegründet 1843 von dem mystischen Scheich Muhammad as-Sanûsî (1787–1859), hatte der streng puritanische Orden, der – ähnlich wie die arabische Wahhabiyya – nur Koran und Sunna als Grundlagen des Islam gelten ließ und Musik und Tanz verpönte, durch die Gründung einer Reihe von religiösen Stützpunkten *(zâwiya)* seinen Einfluss und seine wirtschaftliche Macht von der Syrte und der Cyrenaika (Ostlibyen) bis weit nach Zentralafrika, bis an den Tschad-See und zu den Waddai-Bergen, ausdehnen können. Von seinem Zentrum in den Kufra-Oasen (seit 1895) kontrollierte der Orden die Stämme und bäuerlichen Oasenbewohner eines riesigen Gebietes. Die Senoussis leisteten den Franzosen in der Sahara und ab 1911 den Italienern in Libyen erbitterten Widerstand, der bis in den Ersten Weltkrieg hinein nicht gebrochen werden konnte; die Italiener mussten den Ordensstaat anerkennen. Aus der Dynastie der

Ordensscheiche ging nach dem Zweiten Weltkrieg das libysche Königshaus hervor.

Solche religiös inspirierten Widerstandsbewegungen blieben regional begrenzt und konnten – mit Ausnahme der Sanûsiyya und der arabischen Wahhâbiyya – von den Kolonialmächten mit überlegener Waffengewalt unterdrückt werden. Jedoch kamen gegen Ende des 19. Jahrhunderts auch panislamische Ideen auf. Ihr bedeutendster Vertreter war der schillernde Agitator Dschamâl ad-Dîn al-Afghânî (ca. 1839–1897), der seinen iranisch-schiitischen Familienhintergrund hinter einer vorgeblich afghanischen – will sagen: sunnitischen – Herkunft zu verschleiern suchte. Am Hof des Königs von Afghanistan, in Kairo, dann in Istanbul und wieder in Kairo (1871–1879), in Indien, London und Paris, in Russland, im Irak und Iran und zum Schluss erneut in Istanbul warb er als Lehrer, Schriftsteller und Journalist unermüdlich für einen erneuerten, starken Islam, der die muslimischen Völker im Kampf gegen die Europäer einen sollte. Dabei schreckte er nicht davor zurück, gegen die den Europäern willfährigen muslimischen Monarchen zu konspirieren und die traditionellen islamischen Gelehrten, die *'ulamâ*, wegen ihrer Rückständigkeit heftig zu kritisieren. Afghânî inspirierte eine ganze Generation von islamischen Modernisten um die Jahrhundertwende. Sein bedeutendster Schüler wurde der Ägypter Muhammad 'Abduh (1849–1905). Der islamische Rechtsgelehrte war auch als Journalist tätig, gewann 1892 den Khediven 'Abbâs II. für eine Reform der altehrwürdigen Azhar-Universität, an der nun moderne Fächer eingeführt wurden, und wurde 1899 oberster Mufti (religiöser Rechtsgutachter) von Ägypten. Sein islamischer Modernismus bietet Spielraum für Interpretationen; liberale Modernisten können sich heute ebenso auf ihn berufen wie islamistische Ideologen. *An-Nahda*, die «Wiedergeburt» oder «Renaissance», ist der Sammelbegriff für die Bewegungen, die Ende des 19. Jahrhunderts das Wiedererwachen eines arabischen und islamischen Selbstbewusstseins ankündigen.

Die Diskussion über die künftige Rolle des Islam in der nahöstlichen Gesellschaft warf auch die Frage nach der Funktion des Kalifats auf. Die türkischen Sultane trugen den Titel des Nachfolgers *(chalîfa)* des Propheten Mohammed erst seit dem 18. Jahrhundert. Sie hatten ihn angenommen, um gegenüber dem russischen Zaren als Schutzherren von dessen muslimischen Untertanen auftreten zu können, da der Zar die Rolle eines Beschützers der orthodoxen Christenheit auf dem Balkan beanspruchte. Obwohl die Osmanen weder Angehörige des Stammes Quraisch noch überhaupt Araber waren, wurden sie doch in den arabischen Ländern als die legitimen Oberhäupter der sunnitischen Umma anerkannt. Das Osmanische Reich war als einziger noch halbwegs intakter muslimischer Staat der naheliegende politische Bezugsrahmen für die sunnitischen Muslime. Allenfalls dachte man auch an eine Art türkisch-arabischer Doppelmonarchie nach dem Muster der österreichisch-ungarischen – eine Idee, die noch der 1909 von syrischen Offizeren in Konstantinopel gegründete Geheimbund der *Qahtâniyya* (nach dem legendären Stammvater der Araber; s. o. S. 21 f.) verfocht.

Die Stimmung begann aber umzuschlagen, nachdem 1908 ein Putsch die Jungtürken in Konstantinopel an die Macht gebracht hatte, deren Regime eine forcierte Türkisierung des Reiches betrieb. Die türkische Sprache sollte in Armee, Verwaltung, Justiz und Unterricht bevorzugt, das Arabische zurückgedrängt werden; sogar der geheiligte arabische Gebetsruf sollte durch eine türkische Formel ersetzt werden. Der türkische Nationalismus stimulierte den arabischen; der Gedanke einer Loslösung der arabischen Länder vom Osmanischen Reich tauchte auf, und die Frage eines arabischen Kalifats gewann an Aktualität. 1901 hatte der Syrer 'Abd ar-Rahmân al-Kawâkibî (1849–1903) in Kairo ein Buch mit dem Titel «Die Mutter aller Städte» *(Umm al-qurâ)* – gemeint war Mekka – veröffentlicht, in dem er für die Wiedererrichtung eines arabischen Kalifats plädierte. Als die türkische Nationalversammlung in Ankara 1924 das Kalifat des osmanischen Sultans für abgeschafft erklärte, warb der aus Syrien stammende Gelehrte und Journalist Raschîd Ridâ (1865–1935), der 1897 als Gefolgsmann Muhammad 'Abduhs nach Ägypten übergesiedelt war und dort

die einflussreiche Monatszeitschrift *al-Manâr* («Der Leucht-
turm», 1899–1940) gegründet hatte, in seinem «Traktat über
das Kalifat» für die Wiederaufrichtung des Kalifenamts, dessen
Träger durch die führenden Gelehrten der ganzen islamischen
Welt, die Gelehrten der Azhar in Kairo, der Fatih- und der
Süleymaniye-Moschee in Istanbul, der Zaitûna-Moschee in
Tunis und der religiösen Hochschule im nordindischen Deo-
band bestimmt werden sollte. Einer der aussichtsreichsten Kan-
didaten für das Amt war der Scherif von Mekka, al-Husain ibn
'Alî (ca. 1853–1931), der 1909 von den Jungtürken als «Hüter
der beiden Heiligen Stätten» eingesetzt worden war. Der Nach-
komme des Prophetenenkels al-Hasan war als Angehöriger des
Stammes Quraisch und des Clans Hâschim (s. o. S. 24) auch
durch die religiöse Tradition legitimiert.

Neben solchen panislamischen Ideen, die ihre Wurzel in der
Agitation al-Afghânîs hatten, begann sich auch ein säkularer
arabischer Nationalismus bemerkbar zu machen; die Frage
der Existenz einer «arabischen Nation» stand zu Beginn des
20. Jahrhunderts erstmals auf der Tagesordnung. 1869 hatten
die osmanischen Tanzîmât-Reformer eine «osmanische» Natio-
nalität proklamiert, in der die zahllosen Nationalitäten des Reiches zusammenfinden sollten, doch das künstliche Konstrukt
wurde durch die rüde Turkifizierungspolitik der Jungtürken
nach 1908 desavouiert und ging mit dem Reich unter. Arabische Nationalismen – zunächst im Plural – brachen sich Bahn.
In den großen Städten wie Damaskus oder Konstantinopel
entstanden patriotische Clubs und Geheimbünde, in denen die
künftige Gestalt eines arabischen Staates diskutiert wurde.
Dabei blieb der Rahmen, in dem man dachte, zunächst begrenzt
auf Großsyrien und Mesopotamien als Kern und die Arabische
Halbinsel – ganz oder teilweise – als Anhängsel. Das britisch
kontrollierte Ägypten blieb außer Reichweite; hier war im
19. Jahrhundert die Idee einer «ägyptischen Nation» gewach-
sen, die bei der territorialen Abgeschlossenheit des Niltals mit
seiner fünftausendjährigen Geschichte – von Bonapartes Expedition erstmals ins Bewusstsein gerückt – durchaus nicht ohne
historische Wurzeln war. Der Maghrib rückte erst gar nicht ins

Blickfeld; von einem panarabischen Nationalismus war noch nicht die Rede. Ein säkularer arabischer Nationalismus, gegründet auf die arabische Sprache, Geschichte und Kultur und ohne muslimisches Vorzeichen, war vor allem für die christlichen Minderheiten attraktiv. Es ist bezeichnend, dass zahlreiche Vertreter arabisch-nationalistischer Ideologien Christen waren.

VI. Staatenbildung und Unabhängigkeit im 20. Jahrhundert

Der Erste Weltkrieg und die Mandatszeit

Der Eintritt des jungtürkischen Regimes in den Ersten Weltkrieg an der Seite der Mittelmächte besiegelte das Schicksal des Osmanischen Reiches. Die Westmächte gaben nun die Politik der Stützung des «Kranken Mannes am Bosporus» auf und bereiteten die Aufteilung des Imperiums vor. Vom Juli 1915 bis März 1916 führte der britische Hohe Kommissar in Ägypten, Sir Henry McMahon, mit dem Scherifen von Mekka, al-Husain, einen Briefwechsel, in dem diesem für eine Teilnahme am Kampf gegen die Türken die Krone eines arabischen Königreiches versprochen wurde. Über dessen Grenzen bestanden allerdings von Anfang an Meinungsverschiedenheiten. Nach den arabischen Vorstellungen sollte die Nordgrenze etwa 40 bis 50 Kilometer nördlich der heutigen syrisch-türkischen Grenze verlaufen und Kilikien mit Adana, Tarsus und dem Hafen von Alexandrette (Iskenderun) einschließen. Die Briten beharrten aber von Anfang an darauf, dass überwiegend nichtmuslimische Gebiete wie der Mont Liban nicht Teil des künftigen arabischen Königreichs sein sollten. Das sollte wohl auch für Palästina gelten, wo nach einer Erklärung des britischen Außenministers Balfour vom 2. November 1917 «eine nationale Heimstätte» *(home)* in Palästina für das jüdische Volk» entstehen sollte. Insgeheim aber hatten schon am 16. Mai 1916

VI. Staatenbildung und Unabhängigkeit im 20. Jahrhundert

der britische Diplomat Sir Mark Sykes und der französische Generalkonsul in Beirut, F. Georges Picot, die künftigen Einflusszonen ihrer Länder im Fruchtbaren Halbmond festgelegt.

Inzwischen hatte der Scherif al-Husain mit seinen Söhnen Faisal und ʿAbdallâh im Sommer 1916 die Waffen gegen die Türken ergriffen. Am 29. Oktober nahm er den Titel eines «Königs der arabischen Länder» an; Briten und Franzosen aber wollten ihn in einer gemeinsamen Note nur als «König des Hidschâz» anerkennen. Die von dem britischen Obersten T. E. Lawrence («Lawrence of Arabia») koordinierten Angriffe auf die wichtigste türkische Nachschublinie, die Hidschâz-Bahn, und auf die Festung al-ʿAqaba endeten mit dem triumphalen Einzug al-Husains in Damaskus am 1. Oktober 1918.

Das Kriegsende und die Pariser Friedensverhandlungen nährten die Hoffnungen der arabischen Eliten auf baldige Unabhängigkeit, zumal der Präsident der USA, Woodrow Wilson, den Kriegseintritt seines Landes an die Durchsetzung des «Selbstbestimmungsrechts der Völker» geknüpft hatte. Die britischen und französischen Aufteilungspläne konnten daher nur verdeckt realisiert werden: Der neugegründete Völkerbund legalisierte ihren Zugriff nur in der Form von vorläufigen «Mandaten», deren eigentlicher Zweck die Vorbereitung der Unabhängigkeit der Länder sein sollte.

Im Juni 1919 trat in Damaskus der «Allgemeine Syrische Nationalkongress» zusammen, der am 7. März 1920 die Unabhängigkeit des Landes proklamierte. Doch die Franzosen wollten sich ihre Beute nicht nehmen lassen. Im Juli wurden die Truppen Faisals, des Sohns des Scherifen, geschlagen; im September 1920 befestigten die Franzosen die Staatlichkeit des Libanon, d.h. des christlich-maronitisch dominierten Mont Liban – nun um die Küstenstädte, darunter Beirut *(Bairût)*, erweitert –, und zementierten damit die Abtrennung des Libanon von Syrien.

Im Irak, der 1917 von den Briten erobert worden war, riefen die schiitischen Geistlichen 1920 zum Aufstand gegen die Besatzer auf; die Erhebung konnte 1921 niedergeworfen werden. Die Briten setzten hier Faisal, den Sohn des «Königs des Hidschâz»,

Der Erste Weltkrieg und die Mandatszeit

als König ein, während sein Bruder 'Abdallâh 1921 mit dem Titel eines «Emirs von Transjordanien» abgefunden wurde. 1923 wurde Jordanien formal unabhängig, blieb aber unter britischem Mandat. Statt des erhofften «Königreichs der arabischen Länder» hatten die Haschimiten also nur drei begrenzte Herrschaftsgebiete erhalten, von denen zwei unter britischem Einfluss blieben. Besonders der Irak wurde – trotz seiner formalen Unabhängigkeit – durch den anglo-irakischen Vertrag vom Oktober 1922 eng an die britischen Interessen gebunden. Palästina behielten die Briten unter ihrer direkten Kontrolle. Hier stand die Umsetzung der Balfour-Deklaration, die Schaffung einer «Heimstätte für das jüdische Volk», an. Wie eine Erklärung des Kolonialministers Winston Churchill zeigt, dachte man offenbar an ein binationales, aber von den Nichtmuslimen dominiertes Staatswesen – ähnlich wie im maronitisch-drusischen Libanon; die jüdische Einwanderung setzte sich fort. Im Juli 1922 traten die Mandate des Völkerbundes in Kraft.

Die Haschimiten verloren auch das Spiel auf der Arabischen Halbinsel gegen die Saudis *(Âl Sa'ûd)* des Nadschd. 1902 hatte hier der junge 'Abd al-'Azîz «Ibn Sa'ûd» mit der Eroberung von ar-Riyâd die Wiedererrichtung des wahhabitisch-saudischen Reiches begonnen und schrittweise vorangetrieben. 1912 hatte er die osmanische Ostprovinz al-Hasâ am Golf besetzt und 1920 'Asîr, die Berglandschaft südlich von Mekka, erobert. Zwar musste er zunächst noch die osmanische Oberhoheit anerkennen und sich 1914 mit dem Titel eines Provinzgouverneurs begnügen, doch markieren die von ihm angenommenen Titel seinen unaufhaltsamen Aufstieg: Seit 1915 nannte er sich «Emir des Nadschd», 1921 sogar «Sultan des Nadschd und der dazugehörigen Gebiete». Seine Macht beruhte auf den von ihm 1913 begründeten Wehrsiedlungen. In ihnen siedelte er Beduinenstämme an, die er für die Wahhâbiyya gewonnen hatte und die eine verschworene religiöse Bruderschaft *(al-Ichwân,* «die Brüder») bildeten, welche er bei Bedarf in den Kampf schicken konnte. Zum Konflikt mit dem mekkanischen Scherifen al-Husain kam es, als die türkische Nationalversammlung in Ankara im März 1924 das Kalifat des osmanischen Sultans

106   VI. Staatenbildung und Unabhängigkeit im 20. Jahrhundert

für abgeschafft erklärte. Als daraufhin der Scherif den Kalifentitel annahm, ließ Ibn Saʿûd seine Ichwân gegen Mekka mar-
schieren, wo er im Dezember 1924 einzog. Am 8. Januar 1926
ließ sich Ibn Saʿûd zum «König des Hidschâz und Sultan des
Nadschd» ausrufen, und 1927 erkannten die Briten die Unabhängigkeit Ibn Saʿûds an, dessen Staat 1932 den Namen
«Königreich Saudi-Arabien» erhielt.

In Ägypten trat der Azhar-Absolvent und Rechtsanwalt
Zaghlûl Pascha (Saʿd Zaghlûl) an die Spitze der Unabhängig-
keitsbestrebungen. Er war der Führer einer Delegation *(wafd)*,
die in London über die Aufhebung des Protektoratsstatus
verhandeln sollte, aber nicht vorgelassen wurde; auch bei den
Pariser Friedensverhandlungen blieb die Delegation ohne Erfolg. Zaghlûls Verhaftung und Exil führten zu Unruhen in
Ägypten, die die Briten schließlich zur Beendigung des Protek-
torats veranlassten, das 1922 offiziell aufgehoben wurde. 1923
erhielt Ägypten eine Verfassung als konstitutionelle Monarchie
mit Fuʾâd I., einem Sohn des Khediven Ismâʿîl, als König, doch
behielten die Briten die militärische Kontrolle des Landes. Saʿd
Zaghlûl, Chef der *Wafd*-Partei und Ministerpräsident, bemühte
sich bis zu seinem Tode 1927, die Autokratie des Königs zu
beschränken. 1936 regelte ein anglo-ägyptischer Vertrag die
Rechte der ehemaligen Protektoratsmacht, die weiterhin Truppen am Suezkanal stationieren durfte.

Die Salafiyya und die Muslimbrüder

Ebenso wie die *Wafd*-Partei, aber in scharfer Konkurrenz zu ihr,
bekämpften die Muslimbrüder *(al-Ichwân al-muslimûn)* in
Ägypten den Königshof und seine Politik. Die Bruderschaft war
1928 von Hasan al-Bannâ (1906–1949) gegründet worden,
einem Grundschullehrer, der zuvor verschiedenen religiösen
Vereinen angehört hatte. Von ihm straff organisiert – er selbst
fungierte als «Allgemeiner Führer» *(al-murschid al-ʿâmm)* –,
wurde die Bruderschaft, deren Vorbild in den mystischen Sufi-
Orden der Vergangenheit zu suchen ist, zu einer modernen
Massenbewegung, die nach dem Zweiten Weltkrieg etwa eine

halbe Million Mitglieder in Ägypten zählte und bald auch Ableger in den Mandatsgebieten bilden konnte. Ziel der Organisation war eine totale «islamische Ordnung» *(an-nizâm al-islâmî)*, d. h. eine Staats-, Gesellschafts- und Wirtschaftsordnung, die ausschließlich auf dem Koran und der Sunna beruhen sollte. Wie diese Ordnung im Einzelnen hätte aussehen sollen, blieb vage, da die Sendschreiben und Zeitschriftenbeiträge al-Bannâs wie auch die 1939 zur Festlegung der Prinzipien abgehaltene Generalkonferenz in Kairo sich sehr im Allgemeinen hielten. Der Grundsatz, dass die traditionelle islamische Rechtsordnung der Scharîʿa wieder eingeführt werden sollte, war zwar unumstritten; wie diese unkodifizierte – und im Grunde unkodifizierbare – Ordnung jedoch aussehen sollte, blieb offen.

Die Muslimbruderschaft ist die älteste und erfolgreichste jener modernen Organisationen, die den Islam zum Zweck der Durchsetzung politischer und vor allem auch sozialer Ziele in ein ideologisches Korsett und eine geschlossene Organisationsform zwängen und die man, da es sich um moderne Ideologien handelt, unter dem Begriff «Islamismus» vom traditionellen Islam unterscheiden kann. Die Muslimbrüder standen in der Nachfolge jener Intellektuellen, die um die Jahrhundertwende die *Salafiyya*-Bewegung begründet hatten, jene Ideologie, die den idealisierten Urislam, das Goldene Zeitalter der «rechtschaffenen Altvorderen» *(as-salaf as-sâlih)* – d. h. des Propheten Mohammed, seiner vier ersten Nachfolger und ihrer Gefährten – als Modell für die Gegenwart propagierten. Insbesondere der Publizist Raschîd Ridâ (s. o. S. 101 f.) kann als Vorkämpfer dieser Idee gelten. Der Islam als totales, alle Lebensbereiche regelndes System «ist Religion und Staatsordnung zugleich» *(al-Islâm dîn wa-daula)*. Dieses ideologische Postulat ignoriert zwar die historischen Gegebenheiten der islamischen Geschichte weitgehend, entfaltet als Slogan aber durchschlagende Wirkung: «Der Islam ist die Lösung» *(al-Islâm al-hall)* aller politischen und sozialen Probleme. Die Klientel der Muslimbruderschaft kam und kommt – wie ihr Gründer – vor allem aus den Mittelschichten und dem Bauerntum, für deren Bedürfnisse sich die Organisation auch praktisch einsetzt, wo dem Staat die Mittel

108   VI. Staatenbildung und Unabhängigkeit im 20. Jahrhundert

oder der Wille fehlen. Sie ist darum bemüht, die Unterprivi-
legierten in den rasch anschwellenden, kaum urbanisierten
Wohnquartieren der Städte mit Nahrung und Bildung, oft auch
mit technischer Infrastruktur zu versorgen. Als 1948 ein Mus-
limbruder den ägyptischen Ministerpräsidenten Nuqrâschî
Pascha erschoss, wurde die Bruderschaft verboten und ging in
den Untergrund; Hasan al-Bannâ wurde 1949 von der politischen Polizei umgebracht.

Die Palästinafrage

Die Einlösung der britischen Balfour-Deklaration mit der Zu-
sage einer «Heimstätte für das jüdische Volk in Palästina» stand
noch einige Jahre nach dem Ersten Weltkrieg aus. Die verstärkte jüdische Zuwanderung beunruhigte viele Araber; in den Jahren 1932–1935 wuchs der Anteil der jüdischen Bevölkerung
Palästinas von 17 auf 27 Prozent. Schon in den zwanziger Jahren war es immer wieder zu Unruhen und Zusammenstößen
gekommen. Die Polemik verschärfte sich und nahm religiöse
Färbung an: 1933 erklärte Raschîd Ridâ jeden, der Land an
Briten oder Juden verkaufe, zum Verräter an der Sache des
Islam, und 1935 bezeichnete ein Rechtsgutachten *(fatwâ)* des
Mufti von Jerusalem, Amîn al-Husainî, in einer freien Deutung
des Koranverses 33,72 Palästina als das von Gott den Muslimen «anvertraute Gut» *(amâna)*. Die nationalsozialistische
Verfolgung der Juden und die Weltwirtschaftskrise führten zu
einer Verstärkung der Einwanderung und zur Zuspitzung des
Konflikts. Es bildeten sich militante Gruppen, und 1936 kam es
zu einem ersten Aufstand der palästinensischen Araber gegen
die britische Mandatsmacht, der erst mit Kriegsbeginn 1939
endete. Die britische Peel-Kommission legte 1937 einen Teilungsplan vor, der den künftigen jüdischen Staat auf Galiläa
und die Küste bis südlich von Tel Aviv beschränken wollte, für
Jerusalem und den Hafen Jaffa aber weiterhin den Status als
Mandatsgebiet vorsah. Auf zwei arabischen Palästinakonferen-
zen 1931 und 1937 war die Zukunft des Landes erörtert worden, allerdings ohne greifbare Erfolge.

Der Zweite Weltkrieg
und die Gründung der Arabischen Liga

Während des Krieges 1939–1945 waren die Sympathien vieler Araber auf Seiten der Achsenmächte; die Feindseligkeit gegenüber den Kolonialmächten Großbritannien und Frankreich und die Sorge vor weiterer jüdischer Einwanderung nach Palästina wirkten sich hier aus. Faschistische Organisationen entstanden hier und da, und antisemitische Strömungen – dem traditionellen Islam eigentlich fremd – traten auf. Die Briten drosselten 1939 die jüdische Einwanderung und sprachen sich in einer Erklärung des Außenministers Anthony Eden vom Mai 1941 sogar für eine künftige arabische Einheit aus. Doch 1943 erhielt der Libanon seine Unabhängigkeit durch De Gaulles Exilregierung, und Syrien folgte 1945; damit war die Fortdauer der Teilung präjudiziert. Solange der Krieg währte, behielten Frankreich und England die arabischen Länder unter ihrer Kontrolle.

Der sich abzeichnende Sieg der Alliierten rückte die Möglichkeit der Unabhängigkeit der übrigen arabischen Länder in greifbare Nähe und warf erneut die Frage der Einheit der Araber, insbesondere aber die Frage der Zugehörigkeit Palästinas zur arabischen Welt, auf. Schon während des Krieges verstärkten sich daher die Vorbereitungen auf die Stunde der Befreiung. Nach vorbereitenden Verhandlungen in Alexandria im Jahre 1944 schlossen am 22. März 1945 in Kairo zunächst die bereits formal unabhängigen Staaten Ägypten, Transjordanien, der Libanon, Syrien, der Irak und Saudi-Arabien den «Pakt der Liga der Arabischen Staaten»; am 5. Mai folgte der (Nord-) Jemen, und am 11. Mai trat die Charta in Kraft. Zweck des Paktes war die Zusammenarbeit der arabischen Länder auf wirtschaftlichem, kulturellem und sozialem Gebiet. Er verpflichtete alle Mitglieder zu einer Außenpolitik, die nicht gegen die Interessen der anderen Mitglieder gerichtet sein durfte, und bekräftigte das Recht der Araber auf Palästina.

VI. *Staatenbildung und Unabhängigkeit im 20. Jahrhundert*

Beitritte zur Arabischen Liga

1945 Ägypten, Jordanien, Libanon, Syrien, Irak, Jemen, Saudi-Arabien
1953 Libyen
1956 Sudan
1958 Tunesien, Marokko
1961 Kuwait
1962 Algerien
1967 Süd-Jemen
1971 Bahrain, Qatar, Vereinigte Arabische Emirate, Oman
1973 Mauretanien
1974 Somalia
1976 Palästina (vertreten durch die PLO)
1977 Dschibuti
1993 Komoren

Die Gründung Israels und der erste Nahostkrieg

Die künftige Gestalt Palästinas war von den Vereinten Nationen 1947 in einem Teilungsplan entworfen worden, der aber von den arabischen Staaten nicht anerkannt wurde; sie stimmten in der UNO-Vollversammlung dagegen. Großbritannien kündigte daraufhin an, am 15. Mai 1948 um null Uhr sein Mandat für Palästina niederzulegen. Die Ausrufung des Staates Israel durch David Ben-Gurion am 14. Mai 1948 in Tel Aviv hatte schon in der folgenden Nacht das Vorrücken von Truppen der Mitgliedstaaten der Arabischen Liga zur Folge. Die Intervention der politisch wie militärisch schlecht geführten arabischen Verbündeten endete in einem Debakel. Als es am 7. Januar 1949 zum Waffenstillstand kam, hatte Israel territoriale Gewinne erzielt, die über das im UNO-Teilungsplan Vorgesehene beträchtlich hinausgingen. Die Waffenstillstandslinie, die in Jerusalem unmittelbar westlich der Stadtmauer der Jerusalemer Altstadt verlief, blieb nun für fast zwanzig Jahre *de facto* die Grenze zwischen dem jüdischen Staat und seinen arabischen Nachbarn: Das Westjordanland (Westbank) mit Ostjerusalem wurde jordanisch, der Gazastreifen ägyptisch.

Die Katastrophe *(an-nakba)* war total. Flucht und Vertreibung – etwa 60 Prozent der 1,4 Millionen arabischen Einwohner des ehemaligen Mandatsgebiets verließen das Land –, Enteignungen und die Zerstörung von mehr als 400 arabischen Dörfern durch jüdische Siedler legten den Grund für einen Konflikt, der bis heute andauert und dessen Ende nicht abzusehen ist. Es gibt keine politische Entwicklung, keinen Konflikt im Nahen Osten, der nicht vom Palästina-Konflikt überlagert würde.

Ba'th-Partei und Nasserismus

Die großen Ideologien des 19. Jahrhunderts – Liberalismus, Nationalismus, Sozialismus, Kommunismus, Faschismus – fanden alle auch in der Arabischen Welt ihren Widerhall und ihre Anhänger. Seit dem Zweiten Weltkrieg bekam der Nationalismus der Araber, der bis dahin eher in regionalem Rahmen aufgetreten war («Ägypten den Ägyptern!»), eine panarabische Färbung; die Gründung der Arabischen Liga zeigte bereits die künftige Richtung an. Eine einzige «arabische Nation» wurde postuliert, die vor allem durch die gemeinsame Sprache, Geschichte und Kultur definiert war, nicht mehr durch den Islam. Es waren vor allem christliche Autoren aus Syrien und dem Libanon, die die theoretischen Grundlagen für den säkularen arabischen Nationalismus (Arabismus) legten. Das zeigt auch die Gründung des *Ba'th* («Wiedergeburt; Auferstehung») durch zwei syrische Lehrer, den Christen Michel 'Aflaq und den Muslim Salâh ad-Dîn al-Bîtâr, im Jahre 1940, einer sozialistischen, gegen die Macht der Großbürger und Großgrundbesitzer gerichteten Partei, in der bald weitere linksnationalistische Gruppen aufgingen. Erklärte Ziele des Ba'th waren arabische «Einheit, Freiheit und Sozialismus». Es handelte sich dabei um eine säkulare nationalistische Ideologie, in der der Islam nur noch als ein Teil des gemeinsamen Kulturerbes der Araber galt.

Während die Maghrib-Staaten zunächst noch unter französischer Herrschaft verblieben, kam es im arabischen Osten zu einer Reihe von Revolutionen, die sich gegen die herrschenden

VI. Staatenbildung und Unabhängigkeit im 20. Jahrhundert

Eliten – die im 19. Jahrhundert entstandene Grundbesitzerschicht, das Großbürgertum und die etablierten Dynastien – richteten. Ursache waren vor allem die ungelösten sozialen Probleme, aber auch das Versagen der alten Eliten in der Palästinafrage und ihre Kollaboration mit den ehemaligen Kolonialmächten, deren Einfluss fortdauerte. Träger der revolutionären Bewegungen waren häufig Offiziere, die aus den Mittelschichten kamen und dort Unterstützung fanden.

In Syrien begann eine Serien von Armeeputschen schon 1949 und führte zu aufeinander folgenden Militärdiktaturen. Das eigentliche Jahrzehnt der Umstürze ist aber das von 1952 bis 1962, in dem auch die letzten arabischen Länder ihre Unabhängigkeit erlangten. In Ägypten stürzten die «Freien Offiziere», darunter Gamâl 'Abd an-Nâsir (Nasser, 1918–1970), 1952 das Regime König Fârûqs (1936–1952). In Syrien errang der Ba'th 1954 nach der Wiederherstellung des parlamentarischen Systems erstmals einen großen Wahlsieg; die Partei war die treibende Kraft bei dem Experiment der Vereinigung mit Ägypten (s. u. S. 113). Im selben Jahr begann in Algerien der langdauernde Guerillakrieg gegen die Franzosen, in dem bis 1962 etwa 20000 Franzosen und eine Million Algerier ihr Leben verloren. Der algerische Unabhängigkeitskampf mobilisierte die Gemüter weit über Algerien und die arabische Welt hinaus; er galt als das Paradigma für die Befreiungsbewegungen der Dritten Welt schlechthin. In Marokko hatte sich 1944 die Partei der «Unabhängigkeit» *(Istiqlâl)* formiert; hier trat der populäre Sultan Muhammad V. (1927–1958) an die Spitze der nationalen Bewegung. Die Franzosen verbannten ihn 1951 nach Madagaskar, mussten ihn aber angesichts der Unruhen im Land zurückrufen und am 2. März 1956 Marokko in die Unabhängigkeit entlassen, am selben Tag wie Tunesien, wo der Rechtsanwalt Habib Bourguiba *(Bû Ruqaiba)* als Führer der Neuen Verfassungspartei (Neo-Destour; s. o. S. 95) an die Spitze der Regierung trat. 1958 wurde im Irak König 'Abdallâh durch einen Putsch des Obersten Kassem *(al-Qâsim)* gestürzt und ermordet. 1962 putschte im Jemen die Armee gegen den Zaiditen-Imam al-Badr; die Ausrufung der Republik führte zu einem achtjährigen Bürgerkrieg. Zuletzt fiel die Monarchie in Libyen; hier stürzten im Jahr 1969 junge Offiziere, angeführt von dem Obersten Mu'ammar al-Gaddafi (*al-Qaddhâfî*, geb. 1942), den König Idrîs aus der Dynastie der Senoussi-Ordensscheiche. Im selben Jahr ergriffen auch im Sudan die Militärs unter Oberst Dscha'far an-Numairî die Macht.

Ägypten übernahm während der Präsidentschaft Nassers 1954–1970 die führende politische Rolle in der arabischen Welt. Nasser konnte eine Reihe von Erfolgen erzielen, die sein Prestige weit über Ägypten hinaus erhöhten. Den Anfang machte sein Vertrag mit den Briten über den endgültigen Truppenabzug (1954). Die Verstaatlichung des Suezkanals im Juli 1956 führte im Oktober/November desselben Jahres zwar zur letzten militärischen Intervention Frankreichs und Großbritanniens im Bündnis mit Israel, die aber von den Großmächten USA und UdSSR gestoppt wurde. Am 1. Februar 1958 proklamierte Nasser im Einverständnis mit dem syrischen Ba'th die «Vereinigte Arabische Republik» (VAR), der auch der Jemen – noch unter dem Imam – formal beitrat; sie sollte die Keimzelle der geeinten arabischen Nation werden. 1960 wurde eine gemeinsame Nationalversammlung gebildet, doch schon 1961 kündigten die Syrer, die sich von den Ägyptern dominiert fühlten, nach einem rechten Militärputsch die Union wieder auf. Als 1962 im Jemen revolutionäre Offiziere den Imam al-Badr stürzten und die Republik ausriefen, trat Nasser auf ihre Seite und unterstützte 1962–1969 die Revolution in dem folgenden Bürgerkrieg, vor allem durch seine Luftwaffe.

Der nach dem Zweiten Weltkrieg einsetzende Kalte Krieg, in dem sich die beiden Supermächte USA und UdSSR in einer weltweiten Konfrontation gegenüberstanden, spaltete auch den Nahen Osten. Während die USA durch ein vorderasiatisches Bündnissystem unter angloamerikanischer Führung, den Bagdadpakt von 1955 (Türkei, Irak, Iran, Pakistan), die Sowjetunion eindämmen *(Containment)* und vom Indischen Ozean und vor allem von den Ölreserven des Nahen Ostens fernhalten wollten, setzte Nasser, der sich zunächst an die Spitze der Bewegung der «Blockfreien» zu setzen versucht hatte, mehr und mehr auf die Unterstützung durch den Ostblock, die in der Finanzierung des gigantischen neuen Assuan-Hochdammes Gestalt annahm. Auch der Irak, Syrien, Libyen, Algerien, Somalia und der 1967 selbständig gewordene Südjemen – 1970 als Volksrepublik – setzten auf die UdSSR und die enge wirtschaftliche, militärische und politische Kooperation mit dem Ostblock.

Der Sechstagekrieg (Juni 1967)

Nassers Stern begann zu sinken, als er sich in Überschätzung seiner Kräfte zu einem Krieg gegen Israel entschloss, der die Befreiung ganz Palästinas zum Ziel hatte. 1959 war von Palästinensern im kuwaitischen Exil – darunter Yâsir 'Arafât (geb. 1929) – die Fatah-Organisation (*al-Fath*, «der Sieg») gegründet worden, die im Januar 1965 den bewaffneten Kampf gegen Israel ausrief. Da der syrische Ba'th die Fatah unterstützte, musste Nasser um sein Prestige als Führer der arabischen Nation bangen und setzte sich, obwohl er schwach gerüstet war, an die Spitze der Bewegung, die ihm zu entgleiten drohte. Mit der Besetzung des Sinai und der ultimativen Forderung nach dem Abzug der dortigen UN-Truppen provozierte er den Krieg. Der Sechstagekrieg (5.–10. Juni 1967) endete ebenso wie der Krieg von 1948/49 mit einem militärischen Desaster. Israel eroberte nicht nur das jordanische Ostjerusalem – die Altstadt –, sondern auch das ganze Westjordanland *(Westbank)* und den Gazastreifen, wo nun eine von allen israelischen Regierungen geförderte oder geduldete jüdische Besiedelung einsetzte.

Die Niederlage besiegelte den Niedergang des Nasserismus, dessen nationalistische, panarabische, mit sozialistischen Ideen versetzte Ideologie gescheitert war. Mit Nassers Tod 1970 erhielten nun die islamistischen Bewegungen und Gruppen allenthalben Auftrieb.

Die Ära Sadat (1970–1981):
Oktoberkrieg, Infitâh und Ölkrise

Nassers Nachfolger Anwar as-Sadat *(as-Sâdât)*, der dem Land 1971 eine neue liberalere Verfassung – allerdings mit einer starken Stellung des Präsidenten – gab, gelang im Oktober 1973 mit dem überraschenden Übergang seiner Truppen über den Suezkanal und der Rückeroberung des Sinai ein Überraschungserfolg über die israelische Armee, der indes durch das Eingreifen der USA bald wieder neutralisiert wurde. Immerhin gewann Ägypten den Sinai zurück, und der Suezkanal wurde 1975 wieder eröffnet. Sadat zahlte für diesen Teilerfolg mit der politischen Wendung nach Westen, dem Ende der sozialistischen Experimente und einer Liberalisierung der Wirtschaft, kurz: mit der «Öffnung» *(Infitâh)* des Landes für westliches Kapital. 1977 besuchte Sadat überraschend Israel, betete in der Aqsa-Moschee und redete vor der Knesset. Am 26. März 1979 schloss Ägypten als erstes arabisches Land mit Israel im amerikanischen Camp David einen Frieden, der die Anerkennung der gemeinsamen Grenze brachte. Gegen den Friedensschluß bildete sich die «Ablehnungsfront» der anderen arabischen Länder; die Mitgliedschaft Ägyptens in der Arabischen Liga wurde suspendiert (1979–1989).

Eine Folge des Oktoberkriegs von 1973 – in Israel Yom-Kippur-Krieg, bei den Arabern Ramadân-Krieg genannt – war die so genannte Erdölpreisrevolution. Schon 1960 war mit der Gründung der «Organisation erdölfördernder Länder» (OPEC) der Versuch gemacht worden, ein Gegengewicht zur Macht der internationalen Ölkonzerne zu schaffen. In den Jahren 1973–1974 führte das in Wien als politische Waffe beschlossene Ölembargo zu unerhörten Preissteigerungen: Der Preis für ein Barrel stieg auf das Zehnfache; ein Geldstrom ohnegleichen floss in die Förderländer, vor allem Saudi-Arabien. Außenpolitisch blieb das Embargo ohne Erfolg, da die Verbraucherländer auf eigene Ressourcen zurückgreifen, sparen und alternative Energien fördern konnten; innenpolitisch hat der Geldstrom die bestehenden politischen Strukturen eher zementiert als verändert. Vor allem

116   VI. Staatenbildung und Unabhängigkeit im 20. Jahrhundert

konnte Saudi-Arabien als Verteiler von Petro-Dollars nun eine gewisse Hegemonie über die anderen, vor allem die Länder ohne Erdöl und die «Frontstaaten» zu Israel, die vom saudischen Geld weitgehend abhängig wurden, errichten. Die Saudis nutzten ihren Einfluss, um die islamistischen Bewegungen, vor allem die Muslimbrüder, oder auch – z. B. im Jemen und Südjemen – regionale Stammesführer zu stärken und dadurch die linken, sozialrevolutionären Bewegungen und Parteien zu schwächen.

Die islamische Revolution in Iran 1978/79, die das proamerikanische Schah-Regime stürzte und zur Errichtung der Islamischen Republik Iran unter Âyatollâh Chomeinî führte, weckte auch bei den arabischen Islamisten die Hoffnung, ähnliche Umstürze in ihren Ländern herbeiführen zu können. In Mekka wurde das zentrale Heiligtum des Islam, der *Masdschid al-Harâm* mit der Kaʿba, am 20. November 1979 von einer Gruppe von etwa 500 saudischen Sektierern besetzt, die die Wiederkunft des erwarteten Mahdi proklamierten; erst nach zweiwöchiger Belagerung konnten die Empörer überwältigt werden. Auch die Ermordung Sadats während einer Parade in Kairo am 6. Oktober 1981 geht auf das Konto militanter islamistischer Sektierer aus Oberägypten. Im Sudan experimentierte der Diktator Oberst an-Numairî, der sich auf die Muslimbrüder stützte, 1983–1985 mit einem islamistischen Kurs; auf die Scharîʿa gestützte Straf- und Steuergesetze wurden eingeführt.

Der libanesische Bürgerkrieg (1975–1990) und der irakisch-iranische Krieg (1980–1988)

In den siebziger, achtziger und neunziger Jahren waren die Regime der meisten arabischen Länder von einer bisher in der Region unbekannten Stabilität. Im Juli 1968 hatte im Irak die Baʿth-Partei unter General Ahmad Hasan al-Bakr in einem unblutigen Putsch den Präsidenten ʿÂrif abgesetzt und die Macht ergriffen, die sie nun für fünfunddreißig Jahre nicht mehr abgeben sollte; 1969 brachte in Libyen der Sturz der Monarchie den Obersten Gaddafi (al-Qaddhâfî) an die Macht, der noch heute regiert. 1970 putschte in Syrien der Verteidigungsminister

Hâfiz al-Asad und errichtete auch hier im Namen des Ba'th ein Regime, das seit seinem Tod im Jahr 2000 von seinem Sohn Baschschâr fortgeführt wird. Attentate auf führende Persönlichkeiten blieben ohne Wirkung; in Ägypten brachte der Wechsel von Sadat zu Präsident Husnî Mubârak (geb. 1928) im Jahre 1981 keine grundsätzliche Änderung der politischen Richtung, und die Ermordung König Faisals 1975 erschütterte die saudische Monarchie genauso wenig wie der Wechsel von seinem Nachfolger Châlid zu König Fahd 1982. In Jordanien regierte der Haschimiten-König Husain von 1952 bis 1999, in Marokko König Hasan II. von 1961 bis 1999; Sultan Qâbûs von Oman regiert seit 1970. In Algerien konnte die nach der Unabhängigkeit 1962 an die Macht gekommene FLN *(Front de libération nationale)*, die den Befreiungskrieg gegen Frankreich angeführt und gewonnen hatte, ihre Macht zementieren. In Tunesien wurde der seit der Unabhängigkeit 1956 regierende Habib Bourguiba 1976 durch den bisherigen Premierminister, den General Zîn el-'Âbidîn Ben 'Alî (geb. 1936), entmachtet; der Wechsel vollzog sich auch hier innerhalb der herrschenden Machtelite.

Diese Stabilität wurde fast überall durch eine Zementierung der Machtverhältnisse und eine rigorose Herrschaftssicherung mit polizeilichen und geheimdienstlichen Mitteln erkauft. In Syrien wurde die Opposition der Muslimbrüder von Präsident al-Asad blutig niedergeschlagen; beim Bombardement der Stadt Hamâh sollen mehr als zehntausend Menschen den Tod gefunden haben. In Ägypten und Jordanien wie in Marokko dagegen sucht man die islamistische Opposition durch Zugeständnisse und begrenzte, kontrollierte Teilhabe an der Macht einzubinden.

Die beiden Ba'th-Regime in Syrien und im Irak hatten – ihrer nationalistisch-panarabischen Ideologie ungeachtet – nur eng umgrenzte regionale Machtbasen: Hâfiz al-Asad stützte sich vor allem auf die Alawiten, eine kleine im syrischen Küstengebirge beheimatete schiitische Glaubensgemeinschaft (nicht zu verwechseln mit den Aleviten der Türkei), deren Söhne in der Armee, vor allem in der Luftwaffe, Karriere machen konnten. Saddâm Husain (geb. 1937), der 1979 die Macht im irakischen

VI. *Staatenbildung und Unabhängigkeit im 20. Jahrhundert*

Ba'th übernahm, regierte mit Hilfe des Tikriti-Clans, eines ihm ergebenen Zirkels, der seine Wurzeln in und um Tikrît, Saddâms Heimat am mittleren Tigris, hatte. Diese regionale, eng begrenzte Machtbasis und eine vorwiegend auf die Sicherung der eigenen Herrschaft ausgerichtete Politik machten die beiden Ba'th-Regime zur wirksamen Vertretung panarabischer Interessen gänzlich unfähig und trieben sie mehr als einmal in offene Rivalität.

Instabil war dagegen der Libanon. Der hier seit der Unabhängigkeit 1943 bestehende ungeschriebene «Nationalpakt», der die Machtverteilung in Parlament und Regierung nach einem genau austarierten Proporz der verschiedenen Religionsgruppen regelte, hatte den Christen, vor allem den Maroniten, das politische Übergewicht über die Drusen, Schiiten und Sunniten gegeben. Der Konsens über diesen Proporz brach in den siebziger Jahren infolge der demographischen Verschiebungen auseinander. Die Ursache war – neben dem Anwachsen der schiitischen Bevölkerung des Südlibanon – vor allem der Zustrom von Palästinensern. Da der Süden des Landes der Kontrolle der Regierung völlig entglitt, konnten sich hier die Kämpfer der Palästinensischen Befreiungsorganisation (PLO), die 1964 als Reaktion auf den verlorenen Sechstagekrieg gegründet worden war, nach ihrer Vertreibung aus dem Westjordanland unter der überwiegend schiitischen Bevölkerung niederlassen, Trainingscamps unterhalten und Anschläge auf die Dörfer jenseits der israelischen Grenze unternehmen.

1975 brach der Bürgerkrieg im Libanon offen aus; die PLO war dabei die Speerspitze der muslimischen Minderheiten, die die seit dem 19. Jahrhundert festgeschriebene Dominanz der Christen zu brechen suchten. Die militärische Intervention der Syrer auf Seiten der Muslime wurde im Sommer 1976 von der Arabischen Liga durch ein nachträgliches Mandat legitimiert. Nach der Islamischen Revolution in Iran 1979 radikalisierten sich zudem die südlibanesischen Schiiten; ihre militante Organisation *Hizbu'llâh* («Partei Gottes») begann sich am Kampf gegen Israel zu beteiligen. Das führte 1982/83 zu einer militärischen Intervention Israels, die mit der Besetzung Beiruts, einer erneuten kurzfristigen Stärkung der Christen und der Vertreibung der PLO aus dem Süden des Landes endete; ihr Führer Yâsir 'Arafât ging ins tunesische Exil. Eine allgemeine Erschöpfung der kriegführenden Milizen bereitete den Weg für Verhandlungen, die im Herbst 1989 unter der Ägide der Arabischen Liga im saudi-arabischen Tâ'if zu einem Friedensplan führten, der den Bügerkrieg beenden und das politische System des Libanon auf eine neue Basis stellen sollte. Ende 1990 wurde das Tâ'if-Abkommen von syrischen Truppen, die weiterhin im Land blieben, durchgesetzt und in der Verfassung fixiert.

Als 1979 die Islamische Revolution zu einem Regimewechsel in Iran führte, glaubte der irakische Päsident Saddâm Husain die Stunde nutzen zu können, um alte Ansprüche des Irak gegenüber den Persern am Schatt al-'Arab (der gemeinsamen Mündung von Euphrat und Tigris) und in der ölreichen, mehrheitlich von Arabern bewohnten iranischen Grenzprovinz Chûzistân einlösen zu können. Sein Krieg gegen das iranische Regime, das aus dem nahöstlichen Bündnisgebäude der USA einen wichtigen Pfeiler herausgebrochen hatte, kam den Amerikanern und ihren westlichen Verbündeten nicht ungelegen; Saddâm durfte sich ihrer Unterstützung erfreuen. Der acht Jahre (1980–1988) während Krieg, der Erste Golfkrieg, brachte dem Irak jedoch keinen Gewinn. Von den iranischen Truppen zurückgedrängt, konnten die Iraker zwar wieder Gelände gewinnen; als sich der iranische Führer Chomeinî zum Waffenstillstand bequemen musste, wurden aber die Vorkriegsgrenzen am Schatt al-'Arab wiederhergestellt.

Die neunziger Jahre: Erste Intifâda und Kuwaitkrieg

Mit Michail Gorbatschows Politik der *Perestroika* seit 1986 und der Auflösung der Sowjetunion 1990 verschwand der Antagonismus der UdSSR und USA, der es den arabischen Staaten bisher erlaubt hatte, je nach Bedarf Anlehnung an die eine oder die andere Großmacht zu suchen; die USA blieben als einzige Supermacht übrig, mit der sich die Regierenden nun arrangieren mussten.

VI. Staatenbildung und Unabhängigkeit im 20. Jahrhundert

Das Ende des Ost-West-Gegensatzes hatte auch Palästina als Ersatzkriegsschauplatz der Großmächte überflüssig gemacht, so dass die USA und die UdSSR nun gemeinsam eine Lösung des Konfliktes im Westjordanland und im Gazastreifen ins Auge fassen konnten. Ende 1987 war es hier zu Streiks und schweren Unruhen gekommen. Diese erste *Intifâda* («Aufruhr») zog sich über die Jahre 1988 und 1989 hin. Der Zentralrat der PLO, der noch immer in Tunis im Exil saß, proklamierte Yâsir 'Arafât als Präsident eines «Unabhängigen Staates Palästina». In Oslo nahm Israel nun streng geheim gehaltene Gespräche mit der PLO auf, und im Oktober 1991 konnten in Madrid unter der Ägide der USA und der UdSSR offizielle Verhandlungen geführt werden, die durch den Wahlsieg der Arbeitspartei in Israel und die Bildung der Regierung Yitzhak Rabin im Sommer 1992 gefördert wurden. Auf der Basis der Formel «Land gegen Frieden» wurde schließlich am 19. August 1993 eine begrenzte Autonomie zunächst nur für Gaza und Jericho ausgehandelt, die dann schrittweise ausgeweitet werden sollte; Israel und die PLO erkannten sich gegenseitig an. Das Abkommen, das am 13. September in Washington in Gegenwart von Präsident Bill Clinton unterzeichnet wurde, schien endlich die Grundlage für einen dauerhaften Frieden im Nahen Osten gelegt zu haben; die Partner 'Arafât, Ministerpräsident Rabin und Außenminister Peres wurden 1994 mit dem Friedensnobelpreis ausgezeichnet.

Das Engagement der USA in Nahen Osten hatte unterdessen eine neue Dimension erhalten, als Saddâm Husain im August 1990 das Scheichtum Kuwait besetzte und dessen Ölreserven als Entschädigung für seine Aufwendungen im Ersten Golfkrieg für sich reklamierte; der unabhängige, der UNO angehörende Staat wurde als historisch dem Irak zugehörige Provinz deklariert. Saddâm hoffte, im Bund mit Syrien und dem Jemen die Hegemonie Saudi-Arabiens brechen und selbst Zugang zu den Erdölreserven der arabischen Golfküste erlangen zu können. Wenn er mit einer stillschweigenden Duldung seines Coups durch die USA gerechnet hatte, dann hatte er sich getäuscht. Gestützt auf eine UNO-Resolution schmiedeten die USA eine Allianz von 28 Staa-

Die Zweite Intifâda

ten, denen auch die meisten arabischen Staaten, darunter sogar Syrien, angehörten; nur Libyen, Jordanien und die PLO stellten sich auf die Seite des Irak. Nach Ablauf eines Ultimatums besiegten amerikanische und ihnen alliierte Truppen in der vierzehntägigen Operation *Desert Storm*, die von saudischem Territorium ausging, im Januar 1991 die irakische Armee, ohne indes bis Bagdad vorzustoßen und das Baʿth-Regime zu stürzen. Saddâm Husain war 1991 sogar in der Lage, den Aufstand der Schiiten im Süden des Landes blutig niederzuschlagen und mit Massenhinrichtungen zu ahnden, ohne dass die Sieger eingriffen. Die UNO verhängte Wirtschaftssanktionen, die die Infrastruktur des Landes schwer schädigten und vor allem zu Lasten der Zivilbevölkerung gingen; die Siegermächte richteten zudem Flugverbotszonen nördlich des 36. und südlich des 33. Breitengrades ein, um die Kurden bzw. die Schiiten vor weiteren Repressalien des Diktators zu schützen. Die ständige Behinderung der UNO-Inspektoren, die die Produktion von ABC-Waffen durch den Irak verhindern sollten, brachten Saddâm Husain jedoch bald in einen erneuten Konflikt mit den USA.

VII. Zu Beginn des 21. Jahrhunderts

Die Zweite Intifâda

Im Sommer 2000 nährten erneute Verhandlungen zwischen der PLO und der israelischen Regierung Ehud Barak unter der Ägide der USA die Hoffnungen auf einen endgültigen Frieden im Palästina-Konflikt. Doch Camp David II scheiterte gänzlich, vor allem wohl – die Einzelheiten wurden nie offiziell veröffentlicht – an der Grenzziehung, dem Problem des Rückkehrrechts der vertriebenen Palästinenser und an der Jerusalemfrage: Die den Arabern zugestandenen Enklaven in Ostjerusalem wären vom palästinensischen Staat getrennt und außerdem durch jüdische Siedlungen zerstückelt geblieben; auf dem Haram asch-Scharîf – dem Tempelberg der Juden – hätten den Palästinensern zwar die Aqsâ-Moschee und der Felsendom gehört, nicht aber der Grund und Boden, auf dem sie stehen. Yâsir 'Arafât lehnte das Angebot Baraks als ein für die Palästinenser unannehmbares Diktat ab. Nach einem provokanten Auftritt des rechten Oppositionsführers Ariel Scharon im Haram asch-Scharîf am 28. September 2000 brach die Zweite Intifâda aus, die zu einer außerordentlichen Verschärfung des Konflikts mit einer Serie von Selbstmordanschlägen der radikalen islamistischen Palästinenser-Organisationen *al-Dschihâd al-islâmî* und *Hamâs* («Begeisterung, Eifer»; eigentlich eine Abkürzung für *Bewegung des islamischen Widerstandes*) sowie militärischen Vergeltungsaktionen Israels führten, bei denen 'Arafât zeitweilig in seinem Hauptquartier in Ramallâh belagert wurde. Die vom amerikanischen Präsidenten George W. Bush zusammen mit der UNO, der EU und Russland 2003 vorgeschlagene «Routenkarte» *(Road Map)*, die den Weg zu einem endgültigen Frieden weisen sollte, war rasch wieder vom Tisch. Eine Lösung des Konflikts scheint weiter entfernt denn je, zumal auch die Nachfolge Yâsir 'Arafâts und die künftige politische Marschrichtung der PLO derzeit ungeklärt sind.

Der Irakkrieg 2003

Der Anschlag auf das World Trade Center und das Pentagon am 11. September 2001 durch 19 Attentäter arabischer Herkunft führte zu einer vorläufigen Neuorientierung der amerikanischen Nahost-Politik, deren Auswirkungen noch nicht abzusehen sind. Eine zweite militärische Intervention im Irak wurde von der US-Regierung wohl von Anfang an ins Auge gefasst. Unter den wechselnden Begründungen für einen Schlag gegen Saddâm Husains Ba'th-Regime – Saddâms angebliche Produktion von Massenvernichtungswaffen; Unterstützung der für den Anschlag vom 11. September verantwortlichen Terrororganisation *al-Qâ'ida* («Die Basis») des Usâma bin Lâdin; ein Regimewechsel im Irak als Beginn der Demokratisierung der ganzen Region – kommt nur der Letztgenannten wirkliches Gewicht zu: Die US-Regierung plante offenbar eine Neustrukturierung

Der Irakkrieg 2003 123

der gesamten Region. Der diesmal von Kuwait aus geführte Angriff amerikanischer und britischer Verbände begann am 20. März 2003 und endete mit der Einnahme von Bagdad am 9. April. Saddâm Husain gelang es zunächst unterzutauchen, wurde aber am 13. Dezember gefasst; zahlreiche Angehörige des engeren Führungszirkels wurden verhaftet oder stellten sich. Die zivile Gewalt wurde einem amerikanischen Zivilverwalter unterstellt, dem der Wiederaufbau des Landes übertragen wurde; die Armeen der Sieger, mittlerweile durch Polen und andere Verbündete verstärkt, blieben im Land.

Ob die Befriedung des Irak gelingen kann, hängt ganz entscheidend von der Haltung der schiitischen Bevölkerung ab, die etwa 65 Prozent der Bevölkerung des gesamten Irak ausmacht, die aber, wenn man die faktisch autonomen Kurden außer Betracht lässt, 75 Prozent der arabischen Bevölkerung – gegenüber 25 Prozent arabischer Sunniten – stellen. Auch die Hauptstadt Bagdad, im so genannten Sunniten-Dreieck gelegen, dürfte inzwischen längst eine schiitische Bevölkerungsmehrheit haben. Der Zustrom von Flüchtlingen aus dem Süden seit dem Ersten Golfkrieg 1980–1988 hat die Vorstädte al-Kâzimiyya im Norden mit seinem schiitischen Heiligtum und die frühere Saddam City im Osten – jetzt nach einem auf Geheiß Saddâms getöteten schiitischen Âyatollâh in Sadr City *(Madînat as-Sadr)* umbenannt – mit ihren zwei bis drei Millionen Einwohnern zu Hochburgen der Schiiten anwachsen lassen, die in einem Konflikt um die Macht im künftigen Irak eine entscheidende Rolle spielen könnten. Zwar setzt der leitende Geistliche des schiitischen Hochschulkomplexes in Nadschaf, Âyatu'llâh as-Sîstânî, in der traditionell quietistischen Tradition der hohen schiitischen Geistlichkeit auf gewaltlosen Widerstand, anders als der junge Muqtadâ as-Sadr, der in Sadr City bewaffnete Milizen aufstellt, doch ist die Abneigung der Schiiten gegen die fremden Besatzungstruppen allgemein und trifft sich mit der Opposition der Sunniten. Ein nationaler Widerstand, bei dem die arabische Identität schwerer wiegt als die religiöse Zugehörigkeit, zeichnet sich ab; eine Ordnung, die ohne die Zustimmung der Bevölkerung von außen oktroyiert wird, wäre nicht stabil. Wie immer aber das Experiment ausgehen mag – die Besetzung und Unterwerfung eines großen arabischen Landes durch die Vereinigten Staaten von Amerika eröffnet in der Geschichte der Araber ein völlig neues Kapitel.

*

Die arabischen Länder zwischen dem Atlantik und dem Tigris werden heute zum «Krisengürtel» gerechnet, der sich weiter über Iran, Afghanistan und den indischen Subkontinent bis Südostasien erstreckt. In der Tat sind die Konfliktherde in diesem Teil der Welt zahlreich; gewaltsame Umstürze, Kriege und Bürgerkriege folgen dort seit dem Ende des Zweiten Weltkriegs aufeinander; der Dauerkonflikt um Palästina scheint von einer Lösung weit entfernt. Die in mehreren arabischen Ländern lagernden Erdölreserven bieten immer wieder Anlass für auswärtige Mächte, dort politisch oder militärisch zu intervenieren, um ihre eigenen Interessen geltend zu machen. Es sei daran erinnert, dass zeitweilig die gesamte arabische Welt – mit Ausnahme Zentralarabiens – unter mehr oder weniger direkter europäischer Kolonialherrschaft gestanden hat – ein Trauma, das bis heute starke Nachwirkungen hat und noch immer antiwestliche Ressentiments nährt. Vor allem die Gründung Israels, eines Staates europäischer Einwanderer, wird in diesem Zusammenhang gesehen und als Stachel im Fleisch empfunden, solange den Palästinensern ein eigener Staat vorenthalten wird. Hinzu kommen die gewaltigen demographischen und ökonomischen Probleme sowie die ungelösten Fragen der künftigen politischen Ordnung: Die Modelle der bisher vorherrschenden diktatorischen oder patrimonialen Herrschaften und der traditionellen Monarchien konkurrieren mit den Ideen demokratischer Verfassungen oder mit islamistischen Staats- und Gesellschaftsentwürfen, wie sie etwa von den Muslimbrüdern favorisiert werden. Die arabischen Länder sind inzwischen voll in den Rahmen der Weltwirtschaft und der Weltpolitik eingegliedert; ihre innere Politik wird sich darauf einzustellen haben. Von welchen politischen Eliten ein Wandel ausgehen könnte, muss sich zeigen.

Literaturhinweise

Allgemeine Darstellungen

Bernard Lewis: Die Araber. 2002 (Engl. Erstausgabe 1958).

Albert Hourani: Die Geschichte der arabischen Völker. 1992.

Ulrich Haarmann, Heinz Halm (Hrsg.): Geschichte der arabischen Welt. 4., überarbeitete und erweiterte Auflage 2001.

Das vorislamische Arabien

G. W. Bowersock: Roman Arabia. 1983.

Jan Retsö: The Arabs in Antiquity. Their History from the Assyrians to the Umayyads. 2003.

Die Anfänge des Islam

Montgomery Watt: Muhammad at Mecca. 1953.

–: Muhammad at Medina. 1956.

Rudi Paret: Mohammed und der Koran. 1957 (zahlreiche Neuauflagen).

Hartmut Bobzin: Mohammed. 2000.

–: Der Koran. 1999.

Fred McGraw Donner: The Early Muslim Conquests. 1981.

Julius Wellhausen: Das arabische Reich und sein Sturz. 1902 (Nachdruck 1960).

Hugh Kennedy: The Early Abbasid Caliphate. A Political History. 1981.

'Arabiyya

Johann Fück: Arabiya. Untersuchungen zur arabischen Sprach- und Stilgeschichte. 1950.

Charles Pellat: Arabische Geisteswelt. Dargestellt von Charles Pellat auf Grund der Schriften von al-Ǧāẓiẓ 777–869. 1967.

Hamilton A. R. Gibb/Ḥicob M. Landau: Arabische Literaturgeschichte. 1968.

Wolfhart Heinrichs: Neues Handbuch der Literaturwisenschaft, Bd. 5: Orientalisches Mittelalter. 1990.

Die Rezeption des antiken Erbes

Franz Rosenthal, Das Fortleben der Antike im Islam. 1965.

Juan Vernet: Die spanisch-arabische Kultur in Orient und Okzident. 1984.

Gotthard Strohmayer: Von Demokrit bis Dante. Die Bewahrung antiken Erbes in der arabischen Kultur. 1996.

Dimitri Gutas: Greek Thought, Arabic Culture. The Graeco-Arabic Translation Movement in Baghdad and Early 'Abbāsid Society (2nd–4th/8th–10th centuries). 1998.

Die Mamluken

David Ayalon: The Mamluk Military Society. 1979.

Daniel Pipes: Slave Soldiers and Islam. The Genesis of a Military System. 1981.

Literaturhinweise

Vom 10. bis 15. Jahrhundert

Adam Mez: Die Renaissance des Islams. 1922 (Nachdruck 1968).

Gustav E. von Grunebaum: Der Islam im Mittelalter. 1963.

Maurice Lombard: Blütezeit des Islam. Eine Wirtschafts- und Kulturgeschichte 8.–11. Jahrhundert. 1991

Francesco Gabrieli: Die Kreuzzüge aus arabischer Sicht. Aus den arabischen Quellen ausgewählt und übersetzt. 1973.

Hans Eberhard Mayer: Geschichte der Kreuzzüge. 1965 (zahlreiche Neuauflagen).

Heinz Halm: Das Reich des Mahdi. 1991.

–: Die Kalifen von Kairo. 2003.

Malcolm C. Lyons/D. E. P. Jackson: Saladin – The Politics of the Holy War. 1982.

Von 1500 bis 1800

Abraham Marcus: The Middle East on the Eve of Modernity. 1989.

Das 19. Jahrhundert

Albert Hourani: Arabic Thought in the Liberal Age 1798–1939. 1962 (zahlreiche Neuauflagen).

P. J. Vatikiotis: The History of Egypt from Muhammad Ali to Sadat. 1969.

Josef Matuz: Das Osmanische Reich. Grundlinien seiner Geschichte. 1985.

Das 20. Jahrhundert

Reinhard Schulze: Geschichte der islamischen Welt im 20. Jahrhundert. 1994.

Henner Fürtig: Kleine Geschichte des Irak. 2003.

Gudrun Krämer: Geschichte Palästinas. 2003.

Hinweise zur Aussprache

Die arabischen Namen und Begriffe werden so wiedergegeben, dass der deutsche Leser sie einigermaßen richtig aussprechen kann. Der Zirkumflex bezeichnet stets lange Vokale; hat das Wort nur einen langen Vokal, so trägt dieser in der Regel die Betonung. Das *r* bezeichnet das gerollte Zungenspitzen-*r*, während mit *gh* das deutsche Zäpfchen-*r* wiedergegeben wird; *k* entspricht dem deutschen *k*, während *q* ein kehliges, dunkles *k* (nicht *qu*!) bezeichnet; *ch* lautet wie das harte deutsche *ch* in «Bach»; *th* entspricht dem englischen *th* wie in «thing», *dh* dem englischen stimmhaften *th* wie in «the»; *s* ist immer stimmlos wie das deutsche *ss*, auch am Wortanfang, *z* dagegen immer stimmhaft wie in «Sonne». Das *h* ist immer ein hörbarer Konsonant und kein Dehnungsbuchstabe (z. B. in «Mahdi»). Der Apostroph ' bezeichnet einen Stimmabsatz (wie in «See'ufer»), während ' ein für Nichtaraber schwer aussprechbarer, stimmhafter Knarrlaut ist; da es ein Konsonant ist, sind Wörter wie «Ka'ba» oder San'â» zweisilbig.

Personenregister

'Abbâs, Prophetenonkel 35
'Abbâs II. 100
'Abd al-'Azîz (Ibn Sa'ûd) 105 f.
'Abd al-'Azîz 80
'Abd al-Malik, Kalif 31–33, 48
'Abd al-Malik, Sultan 84
'Abd al-Mu'min 71
'Abd al-Qâdir 98
'Abd ar-Rahmân III. 59
'Abdallâh v. Transjord. 104 f.
'Abdallâh, irak. Kg. 112
'Abdallâh al-Mahdî 59, 69
'Abdallâh ibn Sa'ûd 90
'Abduh, Muhammad 100 f.
'Abdülhamîd II. 87
Abraha 17
Abû Bakr 26
Abû Hafs 73
Abû Hanîfa 39
Abû Nuwâs 41
Abû Sufyân 27
Abû Tammâm 19 f.
Abû Ya'qûb Yûsuf 72 f.
Abû Yûsuf 39
Abû Yûsuf Ya'qûb 73
Adelard v. Bath 46
'Adnân 21 f.
Aelius Gallus 13
al-Afghânî, Dschamâl ad-Dîn 100
'Aflaq, Michel 111
Ahmad al-Dschazzâr 78, 88
Ahmad ibn Tulun 65
Ahmad Pascha 78
Aibak 67
Alexander der Große 10 f.
Alexander v. Aphrodisias 44
Alfonso VI., kastil. Kg. 45, 71
Alfonso VIII., kastil. Kg. 72
'Alî 27, 34, 59, 60, 84, 88
Allât 22
Amalrich, Kg. v. Jerusalem 64
al-Amîn 41
'Amr, lachmid. Kg. 16
Antigonos 11
'Arafât, Yâsir 114, 119–122
Archimedes 44
Ardaschir, pers. Kg. 15
Aretas III. s. al-Hâritha

'Ârif 116
Aristoteles 42–44, 46
Aryabhata 47
al-Asad, Baschschâr 117
al-Asad, Hâfiz 117
al-Aschraf Chalîl 68
Augustus, röm. Ks. 12 f.
Aurelian, röm. Ks. 15
Averroës s. Ibn Ruschd
Avicenna s. Ibn Sînâ
Ayalon, David 68
Ayyûb (Hiob) 67
al-Badr 112, 113
Baibars 68
al-Bakr, Ahmad Hasan 116
al-Balâdhurî 40
al-Bal'amî 49
Balfour, Arthur 103, 105, 108
al-Bannâ, Hasan 106, 108
Barak, Ehud 121 f.
Baschîr II. (asch-Schihâbî) 89
al-Battânî (Albatenius) 46
Belsazar, Kg. v. Babylon 8
Ben 'Alî, Zîn el-'Âbidîn 117
Ben-Gurion, David 110
bin Lâdin, Usâma 122
al-Bîtâr, Salâh ad-Dîn 111
Bourguiba, Habib 112, 117
Brahmagupta 47
al-Buchârî 40
Bush, George W. 122
Chadîdscha 24
Chair ad-Dîn 82
Chair ad-Dîn Pascha 95
Châlid, saud. Kg. 117
Chalîfa ibn Chayyât 40
al-Chatîb al-Baghdâdî 61
Chomeinî, Âyatollâh 116, 119
Chosrou I. Anuschirwan 18
Chosrou II. Parwiz 17
Churchill, Sir Winston 105
al-Chwârizmî 46–48
Cisneros, Kardinal 56
Clinton, Bill 120
Colbert 85
Constantin, röm. Ks. 15
Diodor 11
Dioskorides 44
al-Dschabartî 91
Dscha'far 36

al-Dschâhiz 41
Dschauhar 65
Dschingiz Khan 62
Eden, Anthony 109
al-Fadl 36, 38
Fahd, saud. Kg. 117
Faisal, irak. Kg. 104
Faisal, saud. Kg. 117
al-Fârâbî 44
Fârûq, ägypt. Kg. 112
Fâtima 59, 84
Ferdinand V., Kg. v. Aragon, 56, 74
Ferdousi 49
Friedrich II., Ks. 67
Fu'âd I., ägypt. Kg. 106
Gaddafi, Mu'ammar 113, 116
Galen 43
Gaulle, Charles de 109
Gerbert v. Aurillac 45, 47
Gerhard v. Cremona 46, 48
al-Ghazzâlî 61
Gindibu, arab. Kg. 7
Gordon, Charles 99
Guy de Lusignan 65
Hadrian, röm. Ks. 14
al-Hâkim 54
al-Hârith II. 16
al-Hâritha (Aretas III.) 11 f.
Hârûn ar-Raschîd 36 f., 39, 41, 57
al-Hasan 70, 102
Hasan I., marokkan. Kg. 117
Hasan Pascha 78
Hermann der Kärntner 46
Herodes, Kg. v. Judäa 13
Herodot 8
Hippokrates 43
Hischâm 33
Hubal (Allâh) 22
Hunain ibn Ishâq 43 f.
Husain, Dey v. Algier 95
Husain, jordan. Kg. 117
al-Husain, Prophetenenkel 31, 60, 88
Husain, Saddâm 118–123
al-Husain, Scherif 105
Husain ibn 'Alî, Bey v. Tunis 83
al-Husain ibn 'Alî 102–104
al-Husainî, Amîn 108

Personenregister

Hülägü 62
Ibn 'Abd al-Wahhâb 80
Ibn al-Aghlab 37
Ibn al-'Arabî 73
Ibn al-Athîr 63
Ibn Chaldûn 74
Ibn Hanbal 39
Ibn Hischâm 39
Ibn Ishâq 39
Ibn al-Kalbî 22, 39
Ibn an-Nadîm 38
Ibn Ruschd (Averroës) 46, 73
Ibn Sa'd 39
Ibn Sa'ûd 80
Ibn Sînâ (Avicenna) 44, 49
Ibn Tufail (Abubacer) 72 f.
Ibn Tumart 71–73
Ibn Yâsîn 70
Ibn az-Zubair 31
Ibrâhîm Bey 81
al-Ichschîd 65
Idrîs, Kg. v. Libyen 113
Idrîs I., berber. Hrs. 37, 70
Idrîs II., berber. Hrs. 37, 70
Imru al-Qais, lachmid. Kg. 16
Isabella, span. Kg.in 56, 74
Ismâ'îl 93 f., 106
Justinian, röm. Ks. 16
Kambyses, Kg. v. Persien 8
Karib'il Watar, Kg. v. Saba 10
Karl der Große, Ks. 33, 45
Karl Martell 32
Karl V., Ks. 83
Karl X., franz. Kg. 95
Kassem (al-Qâsim) 112
al-Kawâkibî, 'Abd ar-Rahmân 101
al-Khalîl 41
al-Kindî 44
Kolumbus, Christoph 74
Lawrence, T.E. 104
Leo IX., Papst 55
Louis Philippe, franz. Kg. 95
Ludwig IX. der Heilige 55, 67
Ludwig XIV., franz. Kg. 85
al-Mahdî 39
Mâlik 39
al-Ma'mûn, abbasid. Kalif 36, 42, 44
al-Ma'mûn, almohad. Kalif 73
Manât 22
Mani 53
al-Mansûr 35, 43
Maron 54
Maslama al-Madschrîtî 46
McMahon, Sir Henry 103
Meiji, japan. Ks. 92
Michael Scotus 46
Midhat Pascha 88
Mohammed, Prophet 17 f.,

21, 23–27, 31, 34 f., 39 f., 59, 62, 80, 84, 99, 101, 107
Möngke 62
Mu'âwiya 27, 30
Mubârak, Husnî 117
Muhammad Ahmad 98 f.
Muhammad 'Alî 80, 89, 91–93, 95 f.
Muhammad V. 112
al-Mu'izz 65, 69
Mûlây Ismâ'îl 85
Mûlây ar-Raschîd 85
al-Mundhir 16 f.
al-Mundhir III., lachmid. Kg. 16
Murâd Bey 81
al-Mustansir 61
al-Musta'sim 62
al-Mu'tamid 58
al-Mu'tasim 44, 57
al-Mutawakkil 84
al-Mutawakkil, Kalif 43
Nâbigha 19
Nabonid, Kg. v. Babylon 8
Napoleon I. Bonaparte 56, 78, 81, 88, 91, 102
an-Nâsir 62
Nasser, Gamâl 111–115
Nearchos 14
Negus, äthiop. Kg. 17
Nizâm al-Mulk 61
an-Numairî, Dscha'far 113, 116
an-Nu'mân, ghassanid. Herrscher 17
an-Nu'mân I., lachmid. Kg. 16
an-Nu'mân III., lachmid. Kg. 16
Nuqrâschî Pascha 108
Nûr ad-Dîn 64
Odaeanthus s. 'Udainat
Paulus v. Aigina 43
Peel, Earl William Robert Wellesley 108
Peres, Shimon 120
Petrus Venerabilis 46
Philipp II. August, franz. Kg. 67
Philipp II., span. Kg. 83, 85
Philipp III., span. Kg. 86
Philippus Arabs, röm. Ks. 14
Picot, F. Georges 104
Plato v. Tivoli 46
Platon 43 f.
Plinius 13
Plotin 44
Pompejus 12
Porphyrios 44
Ptolemaios 12, 43 f.
Qâbûs 117

Qahtân 21
Qalawûn 68
Rabin, Yitzhak 120
ar-Râdî 44
Raimund I., Ebf. v. Toledo 45
Raschîd Ridâ 101, 107 f.
Richard I. Löwenherz 67
Robert v. Chester 46, 48
Romanos IV. Diogenes, byz. Ks. 61
Rückert, Friedrich 20
Rufus v. Ephesos 43
as-Sadat, Anwar 115–117
as-Sadr, Muqtadâ 123
Sa'îd 93
Saladin 64–68
as-Sâlih Ayyûb 67
Salmanassar III., assyr. Kg. 7
Sanherib, assyr. Kg. 8
as-Sanûsî 99
asch-Schâfi'î 39
Schapur ibn Ardaschir 44
Scharon, Ariel 122
Sebastian, portugies. Kg. 84
Selim I. 77 f., 82
Selim III. 87
Septimius Severus, röm. Ks. 15
Sîbawaih 41
Sinan, Pascha 83
as-Sîstânî, Âyatu'llâh 123
Strabon 13
Süleyman II. 77
Sykes, Sir Mark 104
Syllaios 13
Tabarî 49
Taufîq 94
Thomas v. Aquin 46
Titus, röm. Ks. 14
Toghril Beg 61
Trajan, röm. Ks. 14 f.
'Udainat (Odaeanthus) 14
'Umar 27, 42
'Uthmân 27
Vaballathus 14
al-Walîd I. 32
al-Wâqidî 39
Wellhausen, Julius 26, 30
Wilson, Woodrow 104
Xerxes 8
Yahyâ (Johannes) al-Bitrîq 43
Yahyâ ibn Khâlid 36, 39
Yazîd 30 f.
Yûhannâ ibn Mâsawaih 43
Yûsuf (Dhû Nuwâs) 17
Yûsuf ibn Taschfin 70 f.
Zaghlûl Pascha 106
Zainab (Zenobia) 14 f.
Zengi 64
Zenobia s. Zainab
Ziyâdat Allâh I. 69